GW00502225

Méthode de français

STUDIO +

Évelyne Bérard

Gilles Breton
Yves Canier
Christine Tagliante

Table de références des textes et crédits photographiques :

Couverture : « Pyramide du Louvre », architecte I.M. PEÏ/P. Moulu/Sunset ; (bg) Eric Audras/6PA/Sunset ; (mb) Coco Marlet/6PA/Sunset ; (bd) Zéphyr Images/Sunset

Intérieur : **p. 12** : (hg) David C. Tomlinson/Photographer's Choice/Getty Images ; (hd) Hulton-Deutsch Collection/Corbis ; (bg) Jacques Demarthon/AFP - **p. 13** : (mg) Robin Smith/Stone/Getty Images ; (hd) Herwig Prammer/Reuters/Maxppp ; (bg) Dermot Tatlow/Sinopix Réa ; (bd) Chien-Min Chung/Reuters/Maxppp – **p. 14** : Rick Doyle/Corbis – **p. 19** : Paroles : Carla Bruni & Léos Carax, Musique : Carla Bruni © 2002 by Editions Free Demo ; photo Alain Benainous/Gamma – **p. 20** : (de haut en bas) Baret/Sunset ; STR/Reuters/Maxppp ; Jean-Loup Gautreau/AFP ; Jean-Pierre Clatot/AFP ; Lacz/Sunset – **p. 22** : (hg) Jacques Demarthon/AFP ; (md) Frédérique Jouval/Corbis Sygma ; (bd) Maxppp – **p. 23** : (hg) Frédérique Jouval/Corbis Sygma ; (md) Joël Saget/AFP – **p. 27** : (hg) John Van Hasselt/Corbis ; (md) Lisa Romerein/Botanica/Getty Images ; (hd) David C. Tomlinson/Photographer's Choice/Getty Images – **p. 36** : Keystone-France – **p. 37** : AKG Paris – **p. 41** : Ted Stanger *Sacrés Français ! Un Américain nous regarde* © Editions Michalon – **p. 45** : (g) Joël Robine/AFP ; (m) Damien Lafargue/Gamma ; (d) Pascal Pavani/AFP – **p. 47** : Christophe Chevalin/LCI – **p. 49** : Ludovic/Réa – **p. 53** : Hulton-Deutsch Collection/Corbis – **p. 54** : (hg) Bettmann/Corbis ; (bd) Collection Christophe L – **p. 55** : Bettmann/Corbis – **p. 56** : Alain Benainous/Gamma – **p. 58** : (hd) Chabruken/Taxi/Getty Images ; (mg) Alain Bettex ; (bg) Nicolas Tavernier/Réa – **p. 59** : Anne-Marie Dauvilliers – **p. 62** : (hg) Ken Reid/Taxi/Getty Images ; (b) Chabruken/Taxi/Getty Images – **p. 68** : (g) Avec l'aimable autorisation du Sirpa Armée de l'Air ; (d) Avec l'aimable autorisation du Sirpa Gendarmerie Nationale – **p. 69** : (bd) Avec l'aimable autorisation de l'Université de Toulouse-Le Mirail (Toulouse II) – **p. 72** : *Valeurs mutualistes*, magazine des adhérents de la Mutuelle Générale de l'Education Nationale (MGEN) - **p. 73** : Nicolas Tavernier/Réa – **p. 75** : Bernard Droguet/Fred Blondin, avec l'aimable autorisation des Editions Tréma ; Arnault Joubin/Trema – **p. 81** : Tim Flach/Stone/Getty Images – **p. 83** : (g) Marta Nascimento/Réa ; (d) Bill Varie/Corbis – **p. 85** : Richard Dumas – **p. 88** : Laif/Réa – **p. 89** : Atlas Géopolitique & Culturel du Petit Robert des noms propres, Dictionnaires Le Robert, 1999 – **p. 90** : Contact Crédit Mutuel - mars 2003 ; Pascal Broze/Reporters-Réa – **p. 92** : Pascal Broze/Reporters-Réa – **p. 96** : Alain Bettex – **p. 97** : *Les Fiançailles de M. Hire* Copyright © 1933 Georges Simenon Limited, une société du groupe Chorion. Tous droits réservés ; *L'Affaire Saint Fiacre* Copyright © 1932 Georges Simenon Limited, une société du groupe Chorion. Tous droits réservés ; photos Collection Christophe L - **p. 100** : (hg) Gail Mooney/Corbis ; (hd) Jean Mascolo/Corbis Sygma ; (bg) Stephen Studd/Stone/Getty Images ; (md) Cooperphoto/Corbis – **p. 101** : Collection Christophe L – **p. 102** : (h) Rune Hellestad/Corbis ; (b) Eric Catarina/Gamma – **p. 104** : Peter Hince/The Image Bank/Getty Images – **pp. 106/107** : *Brel, Brassens, Ferré* de Jean-Pierre Leloir et François-René Cristiani © Librairie Arthème Fayard, 2003 ; photos p. 106 : (g) R.A./Gamma ; (m) P. Ullman/Roger-Viollet ; (d) Lipnitzki/Roger-Viollet – **p. 110** : (h) Antoine Serra/In Visu/Corbis ; (m) Avec l'aimable autorisation de l'Equipe Spectra Montréal ; (b) Gail Mooney/Corbis – **p. 111** : (h) Patrick Bertrand/Avec l'aimable autorisation du Bureau National Interprofessionnel du Cognac ; (m) Franck Moreau/AFP ; (b) Illustration El Globos/Avec l'aimable autorisation de l'Association Les Vieilles Charrues – **p. 113** : (hg) Musée Pouchkine Moscou/Bridgeman Art Library ; (bg) Collection Christophe L ; (hd) Nimatallah/AKG Paris ; (bd) Stephen Studd/Stone/Getty Images – **p. 114** : (h) AKG Paris ; (b) Données parues dans *L'état de la France* 2000, Editions La Découverte – **p. 119** : The Advertising Archive Ltd./Avec l'aimable autorisation de Coca-Cola Services France – **p. 121** : Schwarzbach Hartmuth/Argus/Bios – **p. 122** : O. Zimmermann/Musée d'Unterlinden Colmar – **p. 123** : (g) Michael John Kielty/Corbis ; (d) Avec l'aimable autorisation de l'Office du Tourisme de Guebwiller – **p. 125** : (hg) Victor Drachev/AFP ; (bg) Premium Stock/Stock Image ; (hd) Martyn Hayhow/Wpa Pool/AFP ; (md) J. Brunton/Stock Image ; (bd) Thomas Jouanneau/Corbis Sygma – **p. 126** : Marta Nascimento/Réa – **p. 130** : Gilles Bassignac/TV5 – **p. 131** : Extrait du manuscrit du sonnet *Voyelles* composé par Arthur Rimbaud/Avec l'aimable autorisation du Musée-Bibliothèque Arthur Rimbaud Charleville-Mézières – **p. 132** : Cooperphoto/Corbis – **p. 134** : Marta Nascimento/Réa – **p. 135** : Alain Denantes/Gamma ; (hd) Frédéric Maigrot/Réa – **p. 136** : Olivier Nacht – **p. 137** : Christophe Ena/Réa ; *Cubitus, tu nous fais marcher ?* © Le Lombard (n.v. Dargaud-Lombard s.a.)-Dupa-2004 – **p. 142** : (hg) *India Song*/Avec l'aimable autorisation de Jean Mascolo ; (hd) Collection Christophe L ; (b) Photos © collection Viollet et Lutfi Özkök/Avec l'aimable autorisation des Editions Gallimard – **p. 143** : (h) Collection Christophe L ; (b) Jean Mascolo/Corbis Sygma – **p. 144** : Paroles et Musique : Robin Feix/AlexandreMargraff/Gaetan Roussel/Samuel Arnaud © 1999 by Delabel Edition, 20 rue Molitor, 75016 Paris, by Louise Attaque Edition, Les Balus, 35760 St Grégoire ; photo Jules/Sipa – **p. 147** : (g) Merillon-Stevens/Gamma ; (hd) Eric Vandeville/Gamma ; (bd) Christine Boyd/FSP/Gamma.

Nous avons recherché en vain les auteurs ou les ayants droit de certains documents reproduits dans ce livre. Leurs droits sont réservés aux Éditions Didier.

Illustrations : Dom Jouenne : pp. 12, 17, 18, 25, 28, 30, 40, 48, 74, 86, 107, 116, 117, 118, 122, 123, 138, 141. David Scrima : pp. 21, 24, 34, 43, 44, 58, 65, 70, 79, 84, 87, 95, 129.

Photos : Michel Baby : pp. 20 (b), 25, 27 (bg), 28, 35, 38, 60, 127.

Couverture : Michèle Bisgambiglia   **Conception maquette** : Michèle Bisgambiglia
Mise en pages : Nelly Benoit   **Photogravure** : Eurésys

© Les Éditions Didier, 2004   ISBN 2-278-05407-4   Imprimé en France

Avant-propos

La collection Studio

La collection Studio comporte deux ensembles : *Studio 100*, qui représente 200 heures d'apprentissage et *Studio 60*, qui représente 180 heures d'apprentissage. *Studio Plus* s'inscrit dans la continuité de ces deux ensembles et propose un apprentissage qui recouvre entre 150 et 180 heures de travail si on inclut l'utilisation du cahier d'exercices.

L'ensemble pédagogique Studio permet donc d'amener les élèves à la maîtrise du niveau B1 du *Cadre européen commun de référence pour les langues**, utilisateur indépendant, et d'obtenir le DELF 1er degré.

Principes

Nous avons privilégié une approche actionnelle, une approche qui met l'accent sur les tâches à accomplir pour communiquer : « Est définie comme tâche toute visée actionnelle que l'acteur se représente comme devant parvenir à un résultat donné en fonction d'un problème à résoudre, d'une obligation à remplir, d'un but qu'on s'est donné. » (*Cadre européen commun de référence pour les langues*, p. 16.) C'est ce que nous proposons aux apprenants tout au long de cet ouvrage. Les élèves sont amenés, pour apprendre, à se confronter à des textes et à des documents sonores authentiques ou proches de la réalité.
L'apprenant doit réaliser des tâches en mobilisant ses capacités langagières mais aussi cognitives, affectives et sa créativité. Ce travail sur tâche a pour but d'éviter une attitude d'apprentissage passif. Il permet de centrer l'attention de l'apprenant sur ce qu'il doit réaliser et sur les compétences à mettre en œuvre pour le faire. Le professeur anime, organise, sollicite. Il fait en sorte que la communication entre les apprenants, à l'intérieur de la classe, soit directement transposable à des situations que l'apprenant rencontrera avec des locuteurs natifs.

Organisation de *Studio Plus*

Studio Plus est constitué de trois parcours. Chaque parcours permet de travailler sur quatre types de discours : raconter, décrire / expliquer, argumenter, appliqués à un domaine de pratique de la langue : vie personnelle et sociale, vie professionnelle et études, vie culturelle et loisirs. Nous avons choisi de regrouper « décrire » et « expliquer » dans la mesure où, à ce stade de l'apprentissage, ces deux types de discours sont souvent confondus et où on décrit souvent pour expliquer.

Chaque parcours est composé de quatre séquences d'apprentissage. Une séquence est une unité courte d'enseignement qui amène l'apprenant à maîtriser un savoir-faire complet directement réutilisable. Ces séquences se divisent naturellement en séances, qui correspondent chacune à une séance de cours. Une séance de cours peut comporter plusieurs activités, ce qui permet d'éviter la lassitude.

Ces séquences sont organisées selon le principe d'une alternance d'activités dans la continuité de *Studio 60* et *100* pour la première partie. Ensuite, des rubriques (sur la langue, sur les aspects socioculturels) apparaissent au centre de la séquence. Certaines activités et documents de la deuxième partie ont une dominante culturelle marquée par un pictogramme **C**.
Dans la quatrième séquence de chaque parcours, nous proposons des documents authentiques et des activités ludiques qui permettent de reprendre ce qui a été abordé. Cette séquence permet de faire le point sur les composantes de l'acquisition en cours et de consolider la progression de la maîtrise des savoir-faire communicatifs, linguistiques et culturels définis par les objectifs généraux.

---

* *Cadre européen commun de référence pour les langues : apprendre, enseigner, évaluer*, Conseil de l'Europe, Division des Politiques linguistiques, Didier, 2001.

Diversité des documents

À ce niveau de l'apprentissage, il semble important de travailler sur des documents diversifiés, écrits ou sonores, pour que l'étudiant soit mieux préparé à une utilisation de la langue étrangère dans des situations réelles et pour soutenir la motivation. *Studio Plus* propose donc des conversations, des articles de presse, des messages quotidiens, des chansons, des tests, des extraits de bandes dessinées, des extraits de textes littéraires…

Aspects socioculturels

Les savoirs personnels, individuels de l'apprenant, au sujet de sa propre culture ou des représentations qu'il a de celle de la langue qu'il apprend, sont en permanence sollicités dans *Studio Plus*.

Lorsqu'une notion culturelle (les valeurs, les croyances, les institutions…), socioculturelle (la vie quotidienne, les repas, les congés, ou les conditions de vie, le logement, la couverture sociale, les habitudes de lecture) ou sociolinguistique (les habitudes d'adresse et de politesse, la façon dont se règlent les rapports entre générations…) est proposée, elle l'est toujours en fonction de ce que l'apprenant peut en dire, sur un mode de comparaison interculturelle : « voici comment cela se passe dans mon pays, voici les ressemblances ou les différences entre mes pratiques, mes valeurs et celles de la France et du monde francophone ». « La connaissance, la conscience et la compréhension des relations (ressemblances et différences distinctives) entre « le monde d'où l'on vient » et « le monde de la communauté cible » sont à l'origine d'une prise de conscience interculturelle. ». (*Cadre européen commun de référence pour les langues,* p. 83.)

Grammaire

Les éléments grammaticaux sont intégrés au travail de pratique de la communication, mais des tableaux récapitulatifs permettent de fournir d'une manière complète les informations sur certains points. Le pictogramme 🌀 indique que le point a déjà été vu dans les niveaux précédents et qu'il est repris et développé ; le pictogramme 🌀 indique qu'il s'agit d'un point nouveau.

Des exercices sont répartis au long de l'ouvrage, mais un cahier d'activités et d'exercices permet de compléter le travail en classe en fonction des difficultés des élèves ou individuellement.

Évaluation : deux types d'évaluation

Dans le livre de l'élève, nous avons mis l'accent sur une évaluation formative, qui peut être réalisée en auto-évaluation : une première évaluation en début d'ouvrage pour faire le point, puis une évaluation à la fin de chaque parcours.
Elles permettent de vérifier :
• que les descripteurs de compétence du niveau B1 du *Cadre européen commun de référence pour les langues* sont bien maîtrisés ;
• que les compétences de l'apprenant correspondent à la définition du niveau B1 : « communiquer à l'étranger dans les situations de la vie quotidienne et nouer des relations avec les gens [que l'apprenant] y rencontre » ;
• que l'apprenant soit bien préparé aux épreuves du nouveau DELF 1er degré.

Dans le guide pédagogique, une évaluation sommative propose des épreuves correspondant aux objectifs des parcours qui peuvent donner lieu à une notation.

Le guide pédagogique

Le guide pédagogique intègre :
• pour chaque activité : les descripteurs du *Cadre européen commun de référence pour les langues* correspondant aux tâches demandées, des suggestions pour réaliser l'activité, la transcription des documents sonores, des corrigés pour les exercices et des propositions pour l'expression écrite ;
• des explications sur la démarche retenue ;
• des points formation sur les questions méthodologiques : traitement des documents sonores et écrits, grammaire, lexique, socioculturel ;
• de nombreuses informations sur les aspects culturels et sur la vie quotidienne en France et dans les pays francophones.

Les auteurs

OBJECTIFS D'APPRENTISSAGE

PARCOURS 1 : Vie personnelle et sociale

PARCOURS 2 : Vie professionnelle et études

PARCOURS 3 : Vie culturelle et loisirs

Où en êtes-vous ?

● Compréhension orale

Écoutez et choisissez la bonne réponse.

1.

a) ❑ Oui, un peu de café, s'il vous plaît !
b) ❑ Non merci, je préfère le thé.
c) ❑ Oui, un peu.
d) ❑ Non merci, pas tout de suite.

2. On peut entendre ce type d'annonce :

a) ❑ dans une gare.
b) ❑ dans un restaurant.
c) ❑ dans un café.
d) ❑ dans un magasin.

3. Le train arrivera :

a) ❑ de la Rochelle à l'heure.
b) ❑ de La Rochelle, quai D.
c) ❑ à la Rochelle, quai B.
d) ❑ de la Rochelle avec du retard.

4. Le groupe de touristes va :

a) ❑ visiter le Louvre le matin.
b) ❑ déjeuner au bord de la Seine.
c) ❑ voir une exposition de peinture.
d) ❑ aller au théâtre le soir.

5. Cette publicité propose :

a) ❑ un voyage organisé
    très bon marché.
b) ❑ un achat de voiture d'occasion.
c) ❑ un moyen pratique de louer
    un véhicule.
d) ❑ une réparation gratuite de votre
    voiture.

● Structures de la langue : grammaire et lexique

Complétez en choisissant.

1. – Excusez-moi, je suis perdu.
    .... à la poste, s'il vous plaît ?
    – C'est tout droit, à cent mètres.
    – Merci !

a) ❑ Pour trouver
b) ❑ Pour chercher
c) ❑ Pour partir
d) ❑ Pour aller

2. Pierre vient de téléphoner. Il est à l'aéro-port. Il a dit qu'il .... son passeport sur la table de sa chambre. Tu peux lui apporter en vitesse ?

a) ❑ oublie
b) ❑ oubliait
c) ❑ avait oublié
d) ❑ oublierait

3. Mais il y a un monde fou chez toi !
    – Oui ! Marine a invité tous .... amis préférés pour fêter son anniversaire.

a) ❑ c'est   c) ❑ ses
b) ❑ sait   d) ❑ ces

4. Dans quelle situation peut-on entendre :
    Faites la queue comme tout le monde !

a) ❑ À la maison.
b) ❑ Dans une boulangerie.
c) ❑ Au bureau.   d) ❑ Dans un taxi.

5. Vous n'arrivez pas à ouvrir votre porte. Quelqu'un passe, vous lui dites : *Vous pouvez me ...*

a) ❑ *... donner un coup de main ?*
b) ❑ *... donner la main ?*
c) ❑ *... faire la main ?*
d) ❑ *... forcer la main ?*

● Compréhension écrite

1. Lisez la petite annonce suivante et cochez la réponse correcte.

> À deux pas de la Porte de Saint-Cloud (30 minutes du centre de Paris en métro), proche des transports en commun (métro, bus) et des commerces. Dans allée privée calme, maison de ville 200 m² sur 3 niveaux. Entièrement restaurée, intérieur prêt pour aménagement et décoration. Sous-sol éclairé aménageable, nombreuses possibilités. Garage indépendant. Petit jardin. Environnement de charme.
> **Prix** : 850 000 €.
> **Renseignements** au 01 41 38 00 62.

1. Cette annonce propose un logement :
a) ❏ à acheter.
b) ❏ à louer.
c) ❏ à partager.
d) ❏ à restaurer.

2. Ce logement est situé :
a) ❏ en plein Paris.
b) ❏ à la campagne.
c) ❏ dans une rue tranquille.
d) ❏ dans un centre commercial.

2. Lisez la lettre de Vincent et répondez aux questions.

	VRAI	FAUX	?
1. Il s'agit d'une lettre d'invitation.	❏	❏	❏
2. Vincent habite à Marseille.	❏	❏	❏
3. Magali est mariée.	❏	❏	❏
4. Vincent a des enfants.	❏	❏	❏
5. Vincent travaille à partir de 20 h.	❏	❏	❏
6. Magali est fille unique.	❏	❏	❏

> Chère Magali,
> Comme chaque année, nous passerons les fêtes de fin d'année à Marseille. Nous avons loué une maison assez grande (4 chambres) pour que tu puisses venir avec Gilles et les enfants. Dis-moi vite si tu comptes venir pour que je puisse m'organiser. J'ai besoin d'avoir ta réponse avant la fin de la semaine. Tu peux m'appeler le soir après 8 heures à la maison.
> J'en ai déjà parlé à ton frère : il viendra.
> Bises,
> Vincent

3. Lisez et dites si les affirmations suivantes sont vraies ou fausses.

> **CONDITIONS DE VENTE**
>
> Le billet Offres Dernière Minute est non échangeable et non remboursable.
> Il s'achète directement avec un paiement en ligne.
>
> **Offre valable pour des achats du mardi 7 octobre au lundi 13 octobre
> pour des voyages du mercredi 8 octobre au mardi 14 octobre**
>
> Lyon-Marseille **31 €** au lieu de ~~63,1 €~~   Paris-Avignon **51 €** au lieu de ~~103 €~~
> Lyon-Strasbourg **21 €** au lieu de ~~42,3 €~~   Le Havre-Paris **10 €** au lieu de ~~25,2 €~~

	VRAI	FAUX
1. Si on annule son voyage on peut se faire rembourser son billet.	❏	❏
2. On peut acheter ce billet à la gare au dernier moment.	❏	❏
3. Cette promotion est valable toute l'année.	❏	❏
4. La réduction sur Paris-Avignon est la même que celle sur Le Havre-Paris.	❏	❏
5. Le billet le plus cher est celui de Paris-Avignon.	❏	❏

4. Donnez l'ordre des opérations.
a) Appuyez sur le bouton *Marche*.
b) Branchez l'appareil sur le secteur électrique.
c) À la fin de la cuisson, appuyez sur le bouton *Arrêt*.
d) Avant une première utilisation, lavez séparément tous les ustensiles.
e) Attendez que la lumière verte soit allumée avant de mettre l'appareil en marche.

1	2	3	4	5
……	……	……	……	……

Production orale et interaction

Choisissez un des sujets.

1. Racontez une de vos journées : que faites-vous habituellement dans une journée en dehors du week-end ?
2. Où habitez-vous ? Parlez de votre logement, des gens qui habitent avec vous ou que vous rencontrez quotidiennement.
3. Jeu de rôle. Groupe de deux.
Vous êtes ami(e)s. Vous devez préparer la fête d'anniversaire d'un(e) ami(e) commun(e). Faites des propositions et réagissez aux propositions de votre interlocuteur.
4. Jeu de rôle. Groupe de deux.
Vous êtes face à face avec un(e) ami(e) français(e). Vous devez organiser un voyage en France. Préparez-le.
5. Jeu de rôle. Groupe de deux.
Vous êtes en France. Vous entrez dans une gare pour acheter un billet. L'un d'entre vous joue le rôle de l'employé. Vous posez toutes les questions pour obtenir le billet le moins cher et le plus intéressant par rapport au trajet que vous voulez faire.

Production écrite

Choisissez un des sujets.

1. Vous êtes allé(e) à une fête chez des amis et vous y avez rencontré quelqu'un que vous n'aviez pas vu depuis longtemps. Rédigez un courriel pour raconter cela à un(e) ami(e).
2. Laissez un message à un(e) ami(e) pour lui demander de vous rapporter des affaires que vous avez laissées chez lui (elle).
3. Vous avez été invité(e) à passer des vacances chez un(e) ami(e) français(e). Vous ne pouvez pas y aller. Vous écrivez pour remercier et expliquer les raisons pour lesquelles vous ne pouvez pas accepter.

Les corrigés de l'auto-évaluation se trouvent p. 160.

Descripteurs

Compréhension orale

	OUI, SANS PROBLÈME	PAS TOUJOURS	PAS ENCORE
Je comprends assez bien ce qu'on me demande dans des situations de la vie quotidienne, si on me parle clairement et lentement.	❑	❑	❑
Je peux comprendre globalement l'information donnée dans une annonce ou un message brefs, simples et clairs.	❑	❑	❑
Je peux comprendre des indications simples pour aller d'un point à un autre, à pied ou avec les transports en commun.	❑	❑	❑

Auto-évaluation

Structures de la langue : grammaire et lexique

	OUI, SANS PROBLÈME	PAS TOUJOURS	PAS ENCORE
Je connais quelques expressions courantes et suffisamment de vocabulaire pour communiquer dans des situations quotidiennes.	❑	❑	❑
Je peux utiliser correctement des phrases simples.	❑	❑	❑
Je peux écrire des mots courts entendus à l'oral mais en faisant parfois quelques erreurs d'orthographe.	❑	❑	❑

Compréhension écrite

	OUI, SANS PROBLÈME	PAS TOUJOURS	PAS ENCORE
Je peux comprendre des petits textes simples sur des sujets quotidiens utilisant un vocabulaire courant.	❑	❑	❑
Je peux comprendre une lettre personnelle simple et courte.	❑	❑	❑
Je peux trouver un renseignement spécifique dans des documents courants simples comme des prospectus, des menus, des annonces, des inventaires, des horaires, des modes d'emploi.	❑	❑	❑

Production orale et interaction

	OUI, SANS PROBLÈME	PAS TOUJOURS	PAS ENCORE
Je peux décrire ou présenter simplement des gens, parler de ce que je fais, en utilisant des phrases courtes.	❑	❑	❑
Je peux décrire mon habitation, mes voisins et parler de mon expérience professionnelle ou scolaire.	❑	❑	❑
Je peux discuter du programme de la soirée ou du week-end. Je peux faire des suggestions et réagir à des propositions. Je peux exprimer mon accord ou mon désaccord.	❑	❑	❑
Je peux poser des questions simples dans un magasin, un bureau de poste, une banque.	❑	❑	❑

Production écrite

	OUI, SANS PROBLÈME	PAS TOUJOURS	PAS ENCORE
Je peux raconter simplement un événement, des activités passées et des expériences personnelles.	❑	❑	❑
Je peux écrire un petit message simple pour demander à quelqu'un de faire quelque chose.	❑	❑	❑
Je peux écrire une lettre personnelle très simple pour remercier ou exprimer des excuses.	❑	❑	❑

PARCOURS 1

L'objectif de ce parcours est de travailler des grands objectifs ; raconter, décrire / expliquer, argumenter, déjà abordés précédemment en les approfondissant, dans le domaine de la vie personnelle et sociale.

Ainsi, à travers plusieurs activités, une pratique systématique du récit et des outils qui le structurent (temps du passé, pronoms relatifs, passif...) est proposée.

La description est appréhendée en insistant sur l'organisation du discours lorsqu'on aborde cet objectif. Si l'on reprend des compétences travaillées auparavant, des capacités nouvelles apparaissent : commenter un tableau, un graphique, des statistiques.

Un approfondissement de l'argumentation, précédemment traitée de façon simple, développe la compréhension et l'expression de l'opinion d'une manière fine afin de mettre en place la production de discours argumentatif dans les parcours suivants.

Sur le plan des apports socioculturels, les thèmes retenus touchent à la vie quotidienne et sociale : la famille, la presse, la vie politique. Notons d'ailleurs que plusieurs documents et activités viennent de la presse.

En fin de parcours, un travail sur des textes ou des productions plus longues est proposé, qui croisent plusieurs types de discours : narratif et descriptif par exemple.

Le dossier « Littérature » est consacré à Albert Camus, écrivain, homme de théâtre et philosophe reconnu.

séquence 1

Raconter

COMMUNICATION
- Raconter
- Établir une chronologie

GRAMMAIRE
- Imparfait, passé composé, plus-que-parfait
- Indicateurs de temps
- Pronoms relatifs (rappel)
- Syntaxe des verbes

CULTURE : La presse écrite

Nouvelle année

Compréhension orale

Écoutez et complétez le questionnaire. Dites ce que chaque personne a fait pour le Nouvel An.

	A.	B.	C.	D.	E.
Manger.	☐	☐	☐	☐	☐
Rester seul.	☐	☐	☐	☐	☐
Regarder la télévision.	☐	☐	☐	☐	☐
Aller au restaurant.	☐	☐	☐	☐	☐
Danser.	☐	☐	☐	☐	☐
Voyager.	☐	☐	☐	☐	☐
S'amuser.	☐	☐	☐	☐	☐
Aller en boîte.	☐	☐	☐	☐	☐
Passer la soirée avec une amie.	☐	☐	☐	☐	☐
Passer la soirée avec la famille.	☐	☐	☐	☐	☐
Passer la soirée avec des copains.	☐	☐	☐	☐	☐
Se promener dans les rues.	☐	☐	☐	☐	☐

Concert du Nouvel An
à Vienne, Autriche.

Feux d'artifice sur le pont de Sydney, Australie.

Moines annonçant le Nouvel An tibétain.

Défilé traditionnel du Nouvel An
à Beijing, Chine.

● Démarches

Écoutez le dialogue et complétez le document qui indique les démarches à faire pour obtenir une carte d'identité.

Carte nationale d'identité

● **Qui peut l'obtenir ?**

Une personne de nationalité française.

● **Que faire pour l'obtenir ?**

– Se présenter à la mairie du domicile.

– Remplir ....

– Présenter les pièces suivantes :

1. ....

2. ....

– Fournir ....

● **Délai d'obtention**

Première demande : minimum 7 jours.

En cas de perte ou de vol : ....

● **Que faut-il faire en cas de perte ou de vol ?**

Présenter ....

● Accidents de surf

Trouvez à quelle personne correspond chaque témoignage.

1. Mon entreprise m'avait envoyé à Hawaï pour tester un nouveau modèle de surf. Je suis tombé sur une vague. Rien de sérieux mais cinq vagues sont arrivées et je me suis retrouvé plaqué au fond. J'avais très mal aux oreilles, une vague de plus et c'était fini, mais ça s'est arrêté. En sortant je saignais du nez. Je me suis arrêté pour la journée.

2. C'était en Californie il y a dix ans. Ma planche m'a tapé sur la tête. J'étais conscient mais je saignais de partout. J'ai dû me faire opérer par un chirurgien plastique et pourtant je fais du surf depuis quarante ans.

3. Il y a deux ans, à Perth, avec des copains du collège, j'ai pris ma planche sur le menton. J'ai eu un peu peur. J'étais sonnée mais je suis repartie.

4. Je débutais. Les copains me poussaient. Par fierté, j'y suis allée, je n'avais pas le niveau et les vagues étaient grosses (3,50 m), j'ai hésité. Quand j'y suis allée, une série de vagues m'a jetée dans les rochers. Un copain est venu me chercher.

5. Une vague m'a enfermé. Chez moi à Natal, elles peuvent être très grosses. Je n'arrivais plus à sortir, je me suis fait très mal au genou. Sale souvenir.

a) Fanny Wilson, 13 ans, collégienne, Australie.

b) Isabelle Comte, 34 ans, débutante, vendeuse, Anglet.

c) Sergio do Santos, 32 ans, surfer professionnel, Brésil.

d) Paul Smith, 55 ans, professeur à Berkeley, États-Unis.

e) Pedro Garcia, surfer professionnel et représentant de Billabong, Espagne.

Maintenant, par groupes de deux, rédigez un petit texte pour raconter une situation difficile que vous avez rencontrée en pratiquant un sport ou lors d'une sortie. Vous pouvez imaginer ce court récit.

grammairecommunicationgrammairecommunication

PASSÉ COMPOSÉ / IMPARFAIT / PLUS-QUE-PARFAIT

PASSÉ COMPOSÉ

Le passé composé exprime :

- **des actions ponctuelles :**
  Hier, j'ai vu un film très intéressant.

- **des actions passées qui sont terminées :**
  Il a été président de la République pendant sept ans.

- **des actions passées qui ont un résultat dans le présent :**
  J'ai eu un accident il y a un mois et maintenant je ne travaille plus.

- **une succession d'actions dans le passé :**
  J'ai acheté le journal, je me suis assis à la terrasse d'un café, j'ai pris une menthe à l'eau et j'ai lu le journal.

IMPARFAIT

L'imparfait a souvent les mêmes valeurs que le présent, mais dans le passé.
Il exprime :
- **un état, une situation, une action non limitée dont on ne connaît pas les limites dans le passé :**
  J'habitais à Lyon.

- **une description :**
  L'homme s'avançait, il portait un chapeau.

- **une habitude dans le passé :**
  J'allais tous les dimanches à Orly.

- **une comparaison entre une situation actuelle et une situation passée :**
  Maintenant, les gens travaillent 35 heures par semaine, avant ils travaillaient 40 heures.

IMPARFAIT ET PASSÉ COMPOSÉ

L'imparfait permet d'exprimer le décor, la situation ou la description. Le passé composé marque l'événement ou l'action que l'on veut mettre en relief :
Il y avait du bruit dehors, je suis sorti.
Gilles et Anna se disputaient quand leur mère est arrivée.
Le jour se levait, la mer était calme, l'homme a aperçu le bateau.

L'emploi des deux temps dans une même phrase indique souvent des relations de simultanéité entre deux actions :
Quand j'étais à Paris, j'habitais en banlieue.
Quand je suis allé chez Jean-Luc, j'ai rencontré Amina.

PLUS-QUE-PARFAIT

Le plus-que-parfait établit une relation d'antériorité dans le passé ; il faut donc que ce qui est dit soit d'abord situé par l'emploi du passé composé ou d'un indicateur de temps :
Il avait travaillé pendant dix ans à Paris quand il a été nommé à Metz.
Hier, j'ai perdu le livre que j'avais acheté samedi.

Dans certains récits, les deux temps (passé composé et plus-que-parfait) sont possibles selon que l'on insiste sur la chronologie ou sur l'antériorité.
Je t'ai dit que c'était une erreur.
Je t'avais dit que c'était une erreur.

Exercice   Les temps du récit

Mettez les verbes aux temps qui conviennent.

Il y a longtemps, je suis allée à Rio de Janeiro, j'(avoir) .... des amis qui (travailler) .... là-bas. Je les (rencontrer) .... lorsque je (faire) .... mes études à Toulouse. Ils m'(inviter) .... à visiter le Brésil et j'(accepter) .... leur invitation. J'(passer) .... un mois très agréable. Lui (travailler) .... dans une grande entreprise française, mais elle ne (travailler) .... pas. Je (partir) .... avec elle dans le Nordeste puis à Manaus, on (faire) .... un voyage merveilleux. Et puis je les (perdre) .... de vue. Et hier, dans le métro, je les (rencontrer) .... et nous (aller) .... dîner ensemble le soir. Ils (vivre) .... maintenant à Athènes et ils m'(inviter) .... à aller les voir à Pâques. Génial !

Exercice   Le plus-que-parfait

Complétez en choisissant soit le passé composé, soit le plus-que-parfait. Pour certaines phrases, les deux sont possibles.

1. Mouloud s'est fait voler sa voiture décapotable, il l'........ achetée il y a une semaine.
   a / avait

2. J'ai rencontré Martine samedi, je ne l'........ pas vue depuis un an.
   ai / avais

3. Il a acheté un billet pour les Seychelles et il .... parti immédiatement.
   est / était

4. En juin, Simon .... passé le bac, il l'........ raté ; c'est la deuxième fois, il l'........ déjà raté l'année dernière.
   a / avait

5. Frédéric n'........ pas fait son travail dans les délais, son professeur s'est mis en colère.
   a / avait

6. Nous .... visité la Grèce à Noël, nous y .... déjà allés en 1999.
   avons / avions   **sommes / étions**

7. Nous .... acheté cette maison il y a trente ans, à l'époque, c'était très calme, et puis les choses ont changé, on .... construit une autoroute tout près.
   avons / avions   **a / avait**

8. Il .... déjà parti quand je suis arrivé.
   est / était

● **Je ne veux plus sortir avec toi !**

Compréhension orale • Expression écrite

Écoutez et racontez pourquoi Mathias n'a pas envie de sortir avec son ami Jean-Paul.

....
....
....

Histoires drôles

Lisez ces histoires et dites ce qui est amusant.

• J'ai été heurté de plein fouet par un poteau électrique.
• Je suivais une voiture, quand celle-ci s'est arrêtée à un feu rouge à ma grande surprise.
• J'ai signé le constat mais ça ne compte pas, j'avais pas mes lunettes, j'ai rien vu de ce qui était dessus.
• Une auto invisible est sortie de nulle part, elle a heurté la mienne, et a disparu.
• J'ai été victime d'un accident de la circulation, provoqué par un chien en bicyclette.

Le meilleur des perles d'Internet, Billy, J'ai lu, 2001.

grammairecommunicationgrammairecommunication

 LES PRONOMS RELATIFS

Qui remplace un nom qui est sujet :
*La fille **qui** est à côté de Paul s'appelle Jeanne.*
(La fille est à côté de Paul. Elle s'appelle Jeanne.)

Que remplace un nom qui est complément :
*Le film de Tavernier **que** j'ai vu hier était génial.*
(Le film de Tavernier est génial. J'ai vu ce film hier.)

Dont remplace un nom qui est précédé de *de* ou *d'* :
*J'ai vu la fille **dont** je t'ai parlé hier.*
(Je t'ai parlé d'une fille hier, je l'ai vue.)

Où remplace un nom qui indique un lieu :
*Pierre a séjourné dans la ville **où** je suis né.*
(Pierre a séjourné dans la ville. / Je suis né dans la ville.)

Exercice   Les pronoms relatifs

Complétez avec *qui, que, dont, où*.

1. Le jeune homme .... tu m'avais parlé n'est pas venu au rendez-vous .... je lui avais fixé.

2. La fille .... est amoureuse de Jules est très jolie.

3. Les personnes .... vous avez la charge peuvent déclarer leurs revenus sur votre déclaration.

4. Le travail .... vous m'avez promis de faire doit être terminé pour lundi.

5. La dame à .... tu as téléphoné hier soir vient de rappeler.

6. Il y a un problème .... j'ignorais l'existence.

7. Ce garçon a des qualités .... tu ne dois pas sous-estimer.

8. C'est le restaurant .... nous nous sommes connus.

Rubriques

LES MOTS COMPOSÉS

1. Lisez ce texte.

On les appelle les deux-roues parce qu'ils n'ont habituellement que deux-roues. Les deux-roues comprennent les cyclomoteurs, les voiturettes et les motocyclettes (familièrement appelées motos).

REMARQUE :

Le ramasse-miettes, malgré ses deux roues, n'est pas considéré comme un deux-roues.

Roulez jeunesse, Jean-Louis Fournier,
Payot, 2000.

2. Faites correspondre les définitions et les mots composés.

1. Petit animal nocturne.
2. Véhicule qui roule en dehors des routes.
3. Se trouve généralement au-dessus d'un fauteuil.
4. Ville principale d'un canton ou d'un département.
5. Ensemble d'immeubles où les gens viennent pour dormir.
6. Instrument pour déboucher une bouteille de vin.
7. Temps de repos dans un match de football, rugby ou hockey.
8. Système par lequel on devient propriétaire d'une maison, d'une voiture.
9. Cartable.
10. Sert à écrire.
11. Problème très difficile à résoudre.
12. Personne qui ne cesse de vous harceler.

a) casse-tête
b) location-vente
c) chauve-souris
d) cité-dortoir
e) casse-pieds
f) porte-documents
g) porte-plume

h) tout-terrain
i) appuie-tête
j) chef-lieu
k) tire-bouchon
l) mi-temps

Carla Bruni

Quelqu'un m'a dit

On me dit que nos vies ne valent pas grand-chose,
Elles passent en un instant comme fanent les roses.
On me dit que le temps qui glisse est un salaud
Que de nos chagrins il s'en fait des manteaux

Pourtant quelqu'un m'a dit
Que tu m'aimais encore,
C'est quelqu'un qui m'a dit
Que tu m'aimais encore.
Serait-ce possible alors ?

On m'dit que le destin se moque bien de nous
Qu'il ne nous donne rien et qu'il nous promet tout
Paraît que le bonheur est à portée de main,
Alors on tend la main et on se retrouve fou

Pourtant quelqu'un m'a dit...

Mais qui est-ce qui m'a dit que toujours tu m'aimais ?
Je ne me souviens plus c'était tard dans la nuit,
J'entends encore la voix, mais je ne vois plus les traits
« Il vous aime, c'est secret, lui dites pas que j'vous l'ai dit »

Tu vois quelqu'un m'a dit
Que tu m'aimais encore,
Me l'a-t-on vraiment dit
Que tu m'aimais encore,
Serait-ce possible alors ?

On me dit que nos vies ne valent pas grand-chose,
Elles passent en un instant comme fanent les roses
On me dit que le temps qui glisse est un salaud
Que de nos tristesses il s'en fait des manteaux,

Pourtant quelqu'un m'a dit...

Insolite

Lisez les faits divers et indiquez :

– Quel est le fait divers le plus triste ?
– Quel est le fait divers qui présente un exploit ?
– Quel est le fait divers le plus drôle ?
– Dans quel fait divers fait-on allusion à l'égalité des sexes ?
– Quel fait divers concerne un produit alimentaire ?
– Dans quel fait divers fait-on allusion à une décision légale ?

1. BILBAO (AFP)

Deux inconnus ont réussi à accrocher sur un mur du musée Guggenheim de Bilbao un tableau « clandestin » afin de le faire passer pour une œuvre d'art et dénoncer ainsi « la faible valeur de l'art moderne ».

2. MOSCOU (AFP)

Les députés russes ont décidé d'interdire les gros mots et les termes étrangers dans la langue officielle, approuvant définitivement une loi sur « la langue d'État de la Fédération de Russie ».

3. NÎMES (AFP)

Un homme de 58 ans, se présentant comme un féministe « révolutionnaire », a sérieusement abîmé 45 panneaux publicitaires de Nîmes qui, selon lui, présentaient « une image négative de la femme ».

4. CHAMONIX (AFP)

Keizo Miura, un Japonais de 99 ans, a descendu mercredi à ski la Vallée Blanche, dans le massif du Mont-Blanc, arrivant à 14 h 50 à sa destination finale, la station de Montenvers à 1 931 mètres d'altitude.

5. ZURICH (AFP)

Six cents animaux exotiques, transportés par Air France de Madagascar via Paris, ont été retrouvés morts de froid à leur arrivée à Zurich. Les caméléons, grenouilles, hérissons, geckos (petits lézards) et mille-pattes faisaient partie d'une cargaison de 1 800 bêtes.

6. BESANÇON (AFP)

Trente-six fromages de comté, pesant chacun environ 40 kilogrammes et d'une valeur totale de 10 000 euros, ont été dérobés dans les caves de comté d'un producteur de l'est de la France.

Exercice · Syntaxe des verbes

Ajoutez si c'est nécessaire après le verbe : *de, à, pour, contre* ou aucune préposition.

1. Jacques va arrêter .... travailler dans deux mois.

2. Le conseil d'administration a approuvé .... le budget.

3. J'ai décidé .... partir immédiatement.

4. Nous n'avons pas réussi .... savoir ce qu'elle voulait.

5. Je suis très content .... vous accueillir.

6. Cette association lutte .... l'exclusion.

7. Roselyne n'a pas cessé .... me parler pendant le cours.

8. On lui a interdit .... parler.

Pas de chance !

Expression orale

Choisissez un des dessins et racontez un fait divers.

grammairecommunicationgrammairecommunication

LE PASSIF

La voix active et la voix passive sont deux façons de présenter un événement :
– à la voix active, on met l'accent sur l'auteur de l'action ;
– à la voix passive, on met l'accent sur l'action et l'auteur de l'action apparaît dans la deuxième partie de la phrase :

L'ouragan a détruit plusieurs maisons.
= **voix active**

Plusieurs maisons **ont été détruites** *par l'ouragan.* = **voix passive**

Le passif est construit avec l'auxiliaire *être* et le participe passé :

Les cavaliers attaquent le train.
→ *Le train est attaqué par des cavaliers.*

Parfois, l'auteur de l'action n'apparaît pas :

Il y a eu un terrible ouragan. Plusieurs maisons ont été détruites.
La loi sur la sécurité routière a été votée (sous-entendu : *par le Parlement*).

Exercice

Le passif

Transformez les titres de journaux en phrases. Vous utiliserez le passif.

EXEMPLE : Adoption par le Parlement de la loi sur la sécurité routière
→ La loi sur la sécurité routière a été adoptée par le Parlement.

1. Rejet de la demande d'extradition de Marc Maleur par la Suisse
2. Vente aux enchères des objets personnels d'André Breton
3. Rachat du porte-avions *Joffre* par le Brésil
4. Destruction de 200 hectares de forêt par un incendie
5. Attribution du prix Fémina à Yves Simon
6. Annulation du mariage de l'acteur Charles Ducrot par le pape
7. Défaite de l'équipe de France de rugby contre l'Angleterre

La presse écrite en France

Lisez ce texte sur la presse écrite en France et complétez le questionnaire.

Riche de ses quotidiens, nationaux et régionaux, mais surtout de ses magazines, la presse française offre un panorama contrasté.

LES QUOTIDIENS

Sur un total de **3 080 titres**, il existe actuellement **11 quotidiens nationaux** (plus de 2 millions d'exemplaires vendus chaque jour) et **63 quotidiens régionaux** (plus de 6 millions d'exemplaires).

• La presse quotidienne a diminué de plus de moitié depuis 1945. Cette baisse est due à la concurrence d'autres médias (radio et surtout télévision), mais aussi à des raisons économiques (augmentation des prix de revient, baisse des recettes publicitaires, concentration entre quelques grands groupes...).

• La France se situe **au bas de l'échelle** en Europe. Les quotidiens français sont parmi les moins achetés et les moins lus.

Les quotidiens nationaux

• Parmi les quotidiens les plus diffusés, on trouve *Le Figaro*, *Le Monde*, *Libération* mais également un journal consacré aux sports (*L'Équipe*) – ces journaux sont diffusés à plus de 300 000 exemplaires –, puis ensuite deux quotidiens « économiques » (*Les Échos et La Tribune*) et un quotidien spécialisé dans les paris sur les courses de chevaux (*Paris-Turf).*

• *L'Humanité* est le seul journal lié à un parti (le Parti communiste) et *La Croix* exprime en particulier les points de vue de l'Église de France.

Les quotidiens régionaux

Ils sont en meilleure santé, avec un chiffre d'affaires en progression de 1,9 %. **Douze** d'entre eux sont diffusés à plus de **150 000 exemplaires**.
Ouest France a la meilleure diffusion de toute la presse quotidienne française

• Leur plus grande réussite est sans doute due à la place qu'ils réservent aux informations pratiques et de « proximité », régionales et locales. Ils sont mieux adaptés à leur public et ont su se moderniser plus rapidement.

Compréhension écrite

LA PRESSE MAGAZINE

Elle est dynamique et se porte bien. Présente dans tous les domaines, s'adaptant aux modes et aux mentalités, elle offre une gamme de titres particulièrement diversifiée.

• La presse magazine est hebdomadaire, bimensuelle, mensuelle, trimestrielle ; elle propose aux lecteurs aussi bien des magazines **d'information générale** (*L'Express, Le Nouvel Observateur, Le Point*...) que des titres représentant des domaines très **spécialisés** (informatique, histoire, médecine, sciences...).

• Les secteurs les plus riches sont ceux de :
– la presse sportive (environ 60 titres) ;
– la presse féminine (25) ;
– la presse des jeunes (25) ;
– la presse radio/télévision (15, et la plus forte diffusion de toute la presse), etc.

• La presse des **loisirs** et des **modes de vie** ne cesse de se développer : maison et jardinage, chasse et pêche, vélo et bateau, musique classique et jazz, tourisme et aventure... Chacun, en fonction de ses goûts, peut trouver le (ou les) magazine qui lui convient.

	VRAI	FAUX
1. Il y a plus de quotidiens nationaux que régionaux.	❑	❑
2. Depuis 1945, le nombre de quotidiens a doublé.	❑	❑
3. La concurrence des autres médias explique l'évolution de la presse écrite.	❑	❑
4. La France est en dernière position en Europe pour la vente de quotidiens.	❑	❑
5. Il existe des quotidiens spécialisés dans certains domaines.	❑	❑
6. Il y a deux quotidiens liés à des partis politiques.	❑	❑
7. Les quotidiens régionaux ont connu une baisse plus faible.	❑	❑
8. La presse magazine est très variée.	❑	❑
9. Elle est toujours très spécialisée.	❑	❑
10. Elle suit l'évolution de la société.	❑	❑

séquence 2

Décrire
Expliquer

COMMUNICATION
- Décrire un objet
- Décrire pour expliquer
- Donner une définition
- Donner une explication

GRAMMAIRE
- Pronom relatif *dont*
- Verbes et adjectifs pour décrire
- Marqueurs de la fréquence
- Syntaxe des verbes
- Emplois du subjonctif

CULTURE : La famille

Offres spéciales

Compréhension orale • Compréhension écrite

Écoutez et faites correspondre chaque enregistrement avec la petite annonce ou la publicité qui convient.

b

CABRIOLETS PRESTIGE COUPÉS

```
Vends Peugeot 206 cc, 2L,
138 cv, année 2002, 26 000 km,
intérieur cuir noir/rouge,
porte-bagages sur coffre,
lecteur CD, volant bois,
jantes ALU, état neuf,
prix : 18 900 euros

     Tél : 06 27 34 76 00 (le soir)
```

a

Salon du Véhicule d'occasion

ENCORE 6 JOURS DE
CONDITIONS EXCEPTIONNELLES !

GARAGE du LAC

65, avenue Tristan Bernard
(en face du supermarché Casino)
87 130 SUSSAC

Peugeot 106, 2002 ....10 629 km
Peugeot 206 XR, 1l, 2001.............16 825 km
Citroën Xsara Break, 2001 ....49 340 km
Renault Scénic Expression, 2001...9 287 km
Ford Mondéo TD Nordic, 1999 ......86 312 km
Peugeot 406 Break, 2l, 2001........ 47 534 km

tél : 01 43 75 92 71

OCCASION À SAISIR !

```
Véhicule Monospace
Peugeot 806 modèle 97
7 places, 141 000 km,
contrôle technique : OK
Très bon état, radiocassette,
4 roues hiver
11 200 euros
Tél : 06 22 59 81 38
```

c

d

Vends 205 Peugeot
année 1987, 170 000 km,
bon état, contrôle technique : ok
1 000 euros à débattre

Tél : 06 31 67 99 65

Enr.	1.	2.	3.	4.
	....	....	....	....

La voiture de vos rêves...

... décrivez-la.

Qu'est-ce que c'est ?

Lisez les petits textes descriptifs et faites-les correspondre à l'objet qui convient.

1. C'est un appareil informatique qui permet de noter ses rendez-vous, de prendre des notes, de surfer sur Internet. Avec lui, on peut aussi gérer son emploi du temps et avoir toujours avec soi les numéros de téléphone et les adresses de ses relations de travail ou de ses amis. Il ne fait pas encore le café, mais ça viendra peut-être.

2. C'est un moyen de communiquer très répandu chez les adolescents. Il permet d'adresser un message court et coûte moins cher qu'un coup de téléphone. Mais il fait beaucoup souffrir les règles de l'orthographe !

d

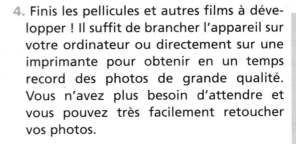

c

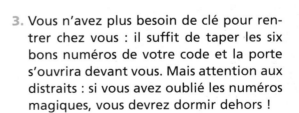

3. Vous n'avez plus besoin de clé pour rentrer chez vous : il suffit de taper les six bons numéros de votre code et la porte s'ouvrira devant vous. Mais attention aux distraits : si vous avez oublié les numéros magiques, vous devrez dormir dehors !

4. Finis les pellicules et autres films à développer ! Il suffit de brancher l'appareil sur votre ordinateur ou directement sur une imprimante pour obtenir en un temps record des photos de grande qualité. Vous n'avez plus besoin d'attendre et vous pouvez très facilement retoucher vos photos.

b

a

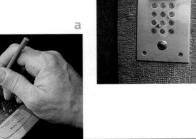

grammairecommunicationgrammairecommunication

LE PRONOM RELATIF *DONT*

• *dont* = *de* + un nom (ou un pronom)
Le pronom relatif *dont* peut être utilisé après un verbe ou après un nom suivis de *de*.

• **Construction avec un verbe :**
verbe + *de* → *dont*
Information 1 :
   Il s'agit d'un appareil.
Information 2 :
   Vous ne pourrez plus vous passer de l'appareil.
   → Il s'agit d'un appareil dont vous ne pourrez plus vous passer.

• **Construction avec un nom :**
nom + *de* → *dont*
Information 1 :
   Il s'agit d'un appareil.

Information 2 :
   L'utilisation de cet appareil est très facile.
   → Il s'agit d'un appareil dont l'utilisation est très facile.

REMARQUE :
L'emploi de *dont* implique dans certains cas des transformations : suppression de l'adjectif possessif, de l'adjectif démonstratif et du pronom *en* :
   Je te présente Michel. Son frère va travailler avec nous. → Je te présente Michel dont le frère va travailler avec nous.
   C'est un livre de P. Besson, j'en ai acheté deux exemplaires.
   → C'est un livre de P. Bresson dont j'ai acheté deux exemplaires.

Exercice   Le pronom relatif "dont"

Reliez les deux phrases en utilisant le pronom relatif *dont*.

1. Ali ? Oui, c'est une personne très sympathique. Je me souviens très bien de lui.

2. C'est un événement grave. Les journaux ont beaucoup parlé de cet événement.

3. Le téléphone portable est un appareil utile. Certaines personnes en abusent.

4. Jérémy a rencontré une jeune fille ; sa famille est d'origine argentine.

5. André s'est payé cet ordinateur. Il en rêvait depuis des mois.

6. Les Mornet ont acheté une nouvelle voiture. Ils en sont très contents.

Exercice   Syntaxe des verbes

Complétez avec les prépositions qui conviennent : *de, avec, à*.

1. Tu as parlé .... Jean .... notre problème ?

2. Tu es d'accord .... moi ?

3. J'ai parlé .... toi à mon directeur, il va te recevoir.

4. Je ne t'oublie pas, je pense .... toi.

5. Je me méfie .... lui, il est bizarre.

6. J'ai demandé .... une amie .... m'aider.

7. Est ce que tu es vraiment obligé .... partir maintenant ?

8. Il faut absolument discuter .... ce problème .... Jeanne.

À quoi ça sert ?

Élaborez une description des objets suivants.

grammairecommunicationgrammairecommunication

POUR DÉCRIRE

LES VERBES

- Pour identifier :
  appeler / s'appeler
  nommer / se nommer
  il s'agit de + nom
- Pour donner les différents éléments :
  comprendre
  comporter
  être composé de / se composer
- Pour parler de l'usage :
  servir à
  être utile à / pour + infinitif
- Pour parler de la forme :
  ressembler à
  être comparable à
  être comme

LES ADJECTIFS

- de couleur : *jaune, vert,* etc.
- de forme : *carré, triangulaire, pointu.*
- de taille : *grand, petit,* etc.

LES MARQUEURS DE CHRONOLOGIE

premièrement, deuxièmement, etc.

**LES EXPRESSIONS
DE REFORMULATION ET D'EXPLICATION**

autrement dit...
c'est-à-dire...

• Rubriques

LA DÉFINITION *(1)*

1. *Comment on dit, en français... ?*
Comment on appelle, en français... ?
Voilà une formule bien utile pour apprendre un mot français qu'on ne connaît pas. On s'adresse à un francophone et on propose une définition :

- en utilisant un mot passe-partout : *le truc, la chose, le machin.*
- *– Comment on appelle, en français, ce truc au-dessus de la baignoire ?*
- *– C'est la pomme de douche.*
- en utilisant une proposition subordonnée relative :
- *– Qu'est-ce que c'est, en français, les feux qui s'allument à l'arrière d'une voiture quand on freine ?*
- *– Les feux-stop.*
- *– Qui c'est la personne dont on voit la statue sur la place Granvelle ?*
- *– C'est Victor Hugo. Il est né à Besançon.*
- *– Comment on appelle, en français, cette lumière bleue qu'on voit sur les voitures de police ?*
- *– C'est un gyrophare.*
- en utilisant un synonyme :
- *– « Roupiller », c'est « dormir », non ?*
- *– Oui, ça veut dire « dormir », mais c'est familier.*
- en questionnant sur la fonction d'un objet à l'aide des verbes *servir à / utiliser :*
- *– Comment on appelle l'outil qui sert à couper un morceau de bois ?*
- *– C'est une scie.*
- en questionnant sur la cause ou la conséquence :
- *– Qu'est-ce que c'est, en français, ce qui cause des accidents sur la route, en hiver ?*
- *– Le verglas, ça s'appelle le verglas.*

2. Faites correspondre les définitions enregistrées avec les réponses.

a) Une péniche.
b) L'opticien.
c) La bouillabaisse.
d) Un marteau.
e) Un canal.
f) La tondeuse à gazon.

MANGEZ SAIN !

Lisez le document et repérez les informations essentielles. Relevez les vertus de l'huile d'olive.

Des vertus unanimement reconnues

Délicieuse au goût, l'huile d'olive a également des vertus nutritionnelles, prouvant ainsi que gastronomie et santé peuvent faire bon ménage. Les scientifiques ont observé que les populations qui consomment beaucoup d'huile d'olive ont moins de problèmes cardiaques que les autres. En effet, elle est pauvre en mauvaises graisses (acides gras saturés que l'on trouve dans les viandes), mais riche en bonnes graisses (acides essentiels). Ses qualités diététiques sont nombreuses : elle facilite la digestion, favorise la croissance, renforce le squelette. Elle ralentit même le vieillissement du cerveau en aidant la circulation sanguine. On l'utilise aussi contre les douleurs.

Bonne pour la santé, elle l'est également pour le corps : on en fait du savon et des crèmes de beauté. Elle entre dans la composition de certains parfums. Un vrai produit miracle !

Dans les premiers alphabets, *olive* s'écrivait *zaï*, ce qui a donné *zitoun* en arabe et *aceite* en espagnol.

De quelqu'un de très important, on dit : *c'est une huile*.

Consommez-vous de l'huile d'olive ? Dans votre pays, existe-t-il un aliment aux vertus reconnues ? Expliquez pourquoi.

VIVEZ SAINEMENT !

1. Écoutez l'enregistrement et complétez la fiche médicale.

FICHE MÉDICALE

Qualité du sommeil :

....

Consommation de produits médicamenteux :

....

Activités sportives :

....

Habitudes alimentaires :

....

Usage du tabac :

....

2. Reprenez les rubriques de la fiche médicale et décrivez vos propres habitudes de vie.

Vous habitez chez vos parents ?

Observez le graphique, écoutez les enregistrements et complétez le tableau en repérant les explications données.

Les jeunes de 20 à 29 ans en France

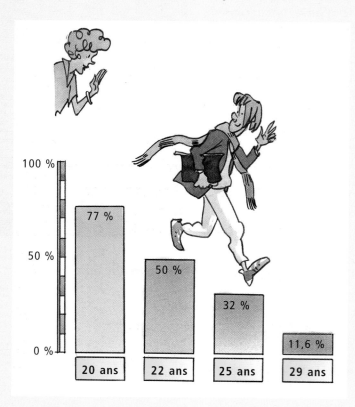

- À 20 ans, 77 % des jeunes vivent chez leurs parents.
- À 22 ans, 50 % des jeunes vivent chez leurs parents.
- À 25 ans, 32 % des jeunes vivent chez leurs parents.
- À 29 ans, ils ne sont plus que 11,6 % à vivre chez leurs parents.

Au total, 66 % des 20-25 ans vivent encore chez leurs parents.

Les causes sont multiples : chômage, études très longues, plus de liberté dans l'éducation, moins de pression sociale.

- En 1999, 32 % des jeunes ayant un emploi sont chez leurs parents, contre 52 % des chômeurs et 83 % des étudiants.
- 1,5 % des jeunes en 1999 vivaient en couple chez leurs parents.

Enr.	Âge	Vit chez ses parents	Vit seul	Vit en couple ou avec des amis	Pour quelle(s) raison(s) ?
1.	......	❏	❏	❏	....
2.	......	❏	❏	❏	....
3.	......	❏	❏	❏	....
4.	......	❏	❏	❏	....
5.	......	❏	❏	❏	....
6.	......	❏	❏	❏	....
7.	......	❏	❏	❏	....

Famille... famille

Compréhension écrite • Expression orale

Lisez les documents suivants et expliquez l'évolution des structures familiales.

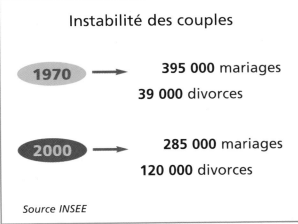

Instabilité des couples

1970 → **395 000** mariages
39 000 divorces

2000 → **285 000** mariages
120 000 divorces

Source INSEE

Déclin des familles nombreuses
(au moins trois enfants)

1968 → **31 %** des familles avec enfants

1999 → **21 %** des familles avec enfants (Stable depuis 1990)

Source INSEE

Augmentation des familles monoparentales
(avec enfants de moins de 25 ans)

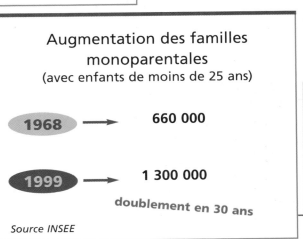

1968 → **660 000**

1999 → **1 300 000**

doublement en 30 ans

Source INSEE

grammairecommunicationgrammairecommunication

LES INDICATEURS DE TEMPS

LA FRÉQUENCE

Plusieurs indicateurs permettent d'exprimer la fréquence :

1. Sur une échelle du moins fréquent au plus fréquent : *jamais, souvent, parfois, quelquefois, de temps en temps, rarement, toujours, tout le temps.*
Voici quelques exemples :
Je vais parfois au cinéma.
Je ne mange jamais de viande.
Je me lève toujours très tôt.

2. En situant la fréquence par rapport à un repère de temps (heure, jour, semaine, mois, année, saison, etc.), avec des indicateurs comme *tout (tous, toute, toutes), chaque, le* **+ jour de la semaine,** *en* **+ nom de mois et saison :**
Le mardi, je vais à la piscine.
Chaque année, je pars en Grèce.
Je sors tous les samedis.

REMARQUE :
Les deux types d'indicateurs peuvent fonctionner ensemble :
Je prends souvent des vacances en janvier.

Exercice   La fréquence

Choisissez.

1. Il ne vient .... me voir le dimanche.

    souvent   toujours   jamais

2. Il ne vient pas .... me voir le dimanche.

    souvent   quelquefois   jamais

3. Elle vient .... me voir le dimanche.

    parfois   tous les jours   jamais

4. Je l'invite .... à déjeuner et nous nous racontons notre semaine.

    tous les samedis   jamais   une fois par an

5. Nous n'avons pas de contact fréquent, je le vois ....

    toujours.   parfois pendant l'été. tous les mardis à 5 h.

6. Vous devriez venir plus .... nous avons passé une excellente soirée.

    jamais   rarement   souvent

Expliquez-moi ça !

Expression orale

Formez des groupes de deux, choisissez une situation et préparez votre dialogue. Vous devez obligatoirement utiliser la phrase proposée dans la colonne 2, dans vos explications.

Situations	Explications / prétextes
1. Employé/chef de service Vous arrivez régulièrement en retard au bureau le mardi matin.	Le lundi soir, je dîne chez ma belle-mère qui fait très mal la cuisine.
2. Homme/femme Vous êtes systématiquement en retard à vos rendez-vous.	J'ai des difficultés à me lever le matin.
3. Vous/votre voisin(e) Votre chien choisit systématiquement de faire ses besoins sur le paillasson de votre voisin.	Je suis dresseur de chiens.
4. Vous/un(e) ami(e) Vous avez emprunté de l'argent. Votre ami(e) attend votre remboursement depuis des mois, alors que vous aviez promis de rembourser dans la semaine...	On est tous distraits dans la famille.
5. Vous/un(e) collègue Vous avez mis une chaussette noire et une chaussette blanche.	Les lundis soirs, je vais à mon club de gymnastique.

grammaire communication grammaire communication

 LES EMPLOIS DU SUBJONCTIF

On emploie la construction *que* + subjonctif après les verbes exprimant :

• **une obligation :**

Il faut que tu partes plus tôt si tu veux arriver à l'heure.

Il est nécessaire / indispensable que la municipalité prenne des mesures contre la pollution.

• **une volonté, un souhait :**

Je veux / voudrais que vous m'obéissiez !

Je souhaite que tu me répondes le plus vite possible.

J'aimerais que vous m'aidiez.

• **un sentiment :**

J'ai peur que tu ne comprennes pas ce que je veux te dire.

Je suis très heureux que tu viennes à mon anniversaire.

Je regrette que tu ne connaisses pas Fabienne.

• **une incertitude, une simple possibilité :**

Il est possible que mes parents reviennent aujourd'hui.

Je ne crois pas qu'il puisse venir.
               qu'il pourra venir.

Mais : *Je crois qu'il pourra venir.*

Je ne suis pas sûr que Véronique connaisse mon adresse.

Mais : *Je suis sûr que Véronique connaît mon adresse.*

On emploie également le subjonctif après certains connecteurs : *bien que, pour que, jusqu'à ce que, en attendant que,* etc. :

J'aime beaucoup Gérard, bien qu'il ait de gros défauts.

J'ai sonné à la porte de mes voisins jusqu'à ce qu'ils répondent.

Nous allons vous faire visiter les lieux avant que les autres invités arrivent.

REMARQUE :

La transformation infinitive

Si les sujets des verbes représentent la même personne, on emploie l'infinitif au lieu de *que* + subjonctif :

*Je voudrais bien que **tu** réussisses ton examen.*

Je voudrais bien réussir mon examen.

*(« **Je** voudrais bien ~~que je réussisse~~. »)*

Exercice   Le subjonctif

Complétez les phrases avec, dans l'ordre, un des verbes suivants au subjonctif :
partir, aller, faire, vouloir, apprendre, prendre, pouvoir, finir.

1. Oh ! là, là ! il est tard ! Il faut que je ....

2. Désolé, je ne peux pas, il faut que j'............................. au bureau.

3. J'aimerais bien que tu .... la vaisselle, de temps en temps !

4. Je regrette que tu ne .... pas venir, j'aurais été contente de te voir.

5. Il faudra bien qu'un jour tu .... à conduire, c'est utile, tu sais.

6. Oui, je sais, tu es très occupé, mais je voudrais que tu .... le temps de venir me voir.

7. J'ai bien peur que François ne .... venir.

8. Excusez-moi, il faut que je .... d'abord ce travail, après je pourrai vous aider.

Les textos

1. Dans la grille, indiquez le numéro du message correspondant à l'expéditeur et au destinataire, puis à la situation de communication.

Expéditeur / destinataire		Objet du SMS	
Une femme à son mari.	....	Demander de faire une course.	....
Une jeune femme à des amis.	....	Souhaiter un anniversaire.	1
Un homme à la femme aimée.	....	Demander de venir.	....
Une jeune maman à une amie.	....	Dire son amour.	....
Un père à sa fille.	1	Annoncer une naissance.	....
Un fils à sa mère.	....	Annoncer un succès.	....

2. Mille et une raisons d'envoyer un message... Voici trois occasions d'envoyer un message. Choisissez-en une et rédigez le vôtre.

1. Annoncer son arrivée.
2. Remercier pour un cadeau ou un service.
3. Lancer une invitation.

séquence 3

Argumenter

COMMUNICATION
- Donner son opinion
- Exprimer un accord / un désaccord
- Identifier un problème
- Proposer des solutions

GRAMMAIRE
- Connecteurs pour enchaîner des arguments
- Opposition
- Syntaxe des verbes

CULTURE : La vie politique

Avoir 20 ans

Compréhension orale • Expression orale

Écoutez les enregistrements et dites si vous êtes d'accord avec les opinions exprimées.

À mon avis

Écoutez et relevez les formules utilisées pour demander ou donner un avis / une opinion.

Enr.	Demander un avis	Donner un avis
1.	....	....
2.	....	....
3.	....	....
4.	....	....
5.	....	....
6.	....	....

Le mal du siècle

Lisez le premier texte et dites quel est le thème de cet article. Puis lisez les quatre lettres extraites du courrier des lecteurs et classez-les dans le tableau ci-dessous.

Knock, de Jules Romains avec Louis Jouvet, 1923.

Le mal du siècle :
Une découverte extraordinaire pour tous ceux qui ont mal au dos

Une équipe de chercheurs de l'Université de Balto a réalisé des expériences qui vont révolutionner la manière de soigner les personnes qui souffrent du dos. Ce mal touche un Français sur 5. Cette équipe de recherche a par hasard fait une découverte qui reprend celle d'un savant du début du 19e siècle, Eugène Delos. Il avait en effet soigné plusieurs personnes en utilisant la même technique que l'équipe de Balto.

Vers 1910, un homme, Georges Delos retrouve les écrits de son grand père, Eugène, et expérimente ses techniques pour soigner les maux de dos de sa femme ; il essaie de déposer un brevet pour cette découverte mais à l'époque personne ne le prend au sérieux.

Ces méthodes de guérison restent donc ignorées jusqu'au 20e siècle, lorsqu'une équipe de chercheurs publie un article sur cette façon spectaculaire de soigner les maux de dos. La petite-fille de Georges rend publique la demande de brevet de celui-ci.

Les résultats obtenus sont tous très positifs et toutes les personnes traitées affirment ne plus avoir de douleurs et pourtant la solution était toute proche...

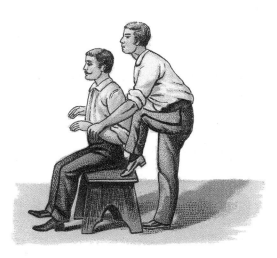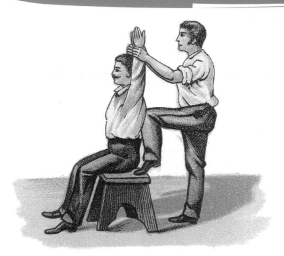

Soins du corps, éditions F. E. Bilz, Leipzig, 1901.

1. J'ai lu votre article concernant la découverte qui va révolutionner le monde de la médecine. Je l'ai trouvé tout simplement génial. En effet, j'ai rarement lu un texte aussi bien documenté et les repères historiques permettent au lecteur de suivre l'évolution des soins proposés étape par étape. Enfin, la bibliographie que vous joignez donne envie d'approfondir le sujet. Encore merci pour cette contribution au progrès de la connaissance.

2. Je ne crois pas du tout à un remède miracle qui permettrait à des gens qui ont souffert depuis tant d'années de guérir du jour au lendemain. Je regrette donc que votre article donne à penser qu'il suffit de suivre le régime proposé pour que tous les problèmes soient résolus. Heureusement, la deuxième partie de l'article est un peu plus nuancée puisqu'elle suggère que les découvertes faites ne règlent pas tous les problèmes.

3. J'ai lu avec beaucoup d'intérêt l'article paru dans le numéro de votre magazine du mois de mars. Il est évident qu'il ne faut pas croire que les informations données concernent une partie du problème. Néanmoins, il est toujours bon de savoir où en sont les recherches, même si les choses évoluent très rapidement. Je trouve que votre article rend assez bien compte du chemin qu'il reste à faire pour avoir un jour une solution au problème posé.

4. Comment exprimer mon exaspération à la lecture de l'article sur la récente découverte présentée comme le remède miracle ? Je croyais y trouver de quoi m'interroger et me faire réfléchir, je n'y ai trouvé que des affirmations gratuites, des contrevérités qui vont faire croire qu'il suffit de suivre vos indications pour résoudre tous les problèmes. Je ne comprends pas comment un magazine aussi sérieux que le vôtre peut laisser passer de telles énormités et je trouve même insupportable que des gens puissent y croire. Soyez assuré que c'est la dernière fois que j'achète votre publication.

Éléments du texte	Opinion très positive	Opinion plutôt positive	Opinion plutôt négative	Opinion très négative
1.	❑	❑	❑	❑
2.	❑	❑	❑	❑
3.	❑	❑	❑	❑
4.	❑	❑	❑	❑

Qu'est-ce que tu en penses ?

Travaillez par deux. Choisissez un thème et indiquez vos points de vue.

lundi au samedi	9h00 – 12h15
	14h30 – 19h00
dimanche	9h00 – 12h00

1. L'ouverture des magasins le dimanche.
2. Les familles nombreuses.
3. Les films violents à la télévision.
4. L'apprentissage de deux langues étrangères à l'école primaire.
5. Habiter en ville ou à la campagne.
6. L'interdiction de la circulation des voitures dans le centre des villes.

grammairecommunicationgrammairecommunication

LES DIFFÉRENTES FAÇONS D'EXPRIMER SON OPINION

Certaines expressions servent à exprimer une opinion personnelle :

• Expressions non verbales :
- *À mon avis,...*
- *D'après moi / lui...*
- *Selon moi / lui...*

• Expressions verbales :
- *Il me semble que...*
- *Je trouve que...*
- *Je pense que...*
- *Je crois que...*
- *J'affirme que...*
- *Je suis sûr / sûre que...*
- *Je suis certain / certaine que...*

Certaines expressions servent à exprimer une opinion générale :
- *On dit que...*
- *Les gens pensent généralement que...*
- *L'opinion générale est que...*
- *Il paraît que...*
- *J'ai entendu dire que...*
- *Il est évident que...*
- *Il est tout à fait certain que...*
- *Tout le monde dit que...*

Quel est le problème ?

Compréhension orale

Écoutez et notez, pour chaque enregistrement, le problème posé et la solution proposée.

Enr.	Problème posé	Solution proposée
1.	....	....
2.	....	....
3.	....	....
4.	....	....
5.	....	....
6.	....	....
7.	....	....
8.	....	....

Exercice   Pas d'accord ?

Écoutez et indiquez dans quel dialogue vous avez entendu les expressions suivantes.

Expression entendue	Dial.	Expression entendue	Dial.
Ne fais surtout pas ça !	....	Mais tu n'y penses pas !	**1.**
Tu es bête ou quoi ?	....	Chouette, c'est super !	....
Elle ne tient pas debout, ton histoire !	....	C'est aussi mon avis.	....
	....	C'est bien ce que je pense.	....

• Rubriques

Devinez le sens de ces mots ou expressions utilisés au Québec.

1. J'ai pris mon portable pour recevoir tous **mes courriels*** pendant les vacances.
❏ un courrier rapide
❏ un courrier électronique

2. Alain est vraiment **fin**, il m'a aidée à déménager hier.
❏ Alain est intelligent.
❏ Alain est gentil.

3. Ne capote pas ! Garde ton calme, tu vas y arriver !
❏ Ne t'endors pas !
❏ Ne panique pas !

* *Courriel* est aussi employé en France.

4. Ça coûte des bidoux, mais j'ai vraiment envie d'acheter cette robe !
❏ Ça coûte cher !
❏ Ça ne coûte rien !

5. Je vais en parler **à mon chum François.**
❏ à mon copain
❏ à mon directeur

6. Il n'y a rien à manger, je vais **chez le dépanneur.**
❏ chez le garagiste
❏ chez l'épicier

7. Je suis crevé, **j'ai chauffé** pendant dix heures.
❏ j'ai travaillé
❏ j'ai conduit

8. C'est écœurant ! J'adore ça !
❏ Ça me donne mal au cœur !
❏ C'est excellent !

9. Tu viens **magasiner** avec moi ? On ira dans le nouveau centre commercial.
❏ acheter des magazines
❏ aller dans les magasins

SACRÉS FRANÇAIS ! UN AMÉRICAIN NOUS REGARDE

Lisez le texte et dites si c'est vrai, faux ou si on ne sait pas.

C'est pas ma faute

À son arrivée en France, un Américain est toujours saisi d'admiration devant ces Français si sûrs d'eux, si sûrs d'avoir toujours raison. Et puis, l'expérience venant, le visiteur découvre l'explication de ce phénomène : un Français n'accepte jamais d'avoir tort.

Reconnaître ses erreurs dans ce pays, c'est perdre la face, subir une humiliation, tomber en disgrâce. Avouer une faute ? Il ne saurait en être question. Ce serait admettre qu'on est un parfait crétin. Un exemple fréquent ? Le Français qui se trompe de numéro de téléphone préfère raccrocher, plutôt que s'excuser.

Pour nous autres Anglo-saxons, ce comportement apparaît paradoxal, venant d'un peuple excessivement poli dans les magasins comme dans la rue où le moindre contact physique entraîne un « Pardon » quasi automatique.

Chez nous, une lady ou un gentleman sait avouer son erreur et dire « *I'm sorry* » (je regrette). Dans une entreprise américaine, on se bat même parfois pour assumer un échec, histoire de montrer qu'on est conscient de ses responsabilités et surtout *team player* (qu'on a l'esprit d'équipe). En France, au contraire, ce genre d'attitude ne ferait qu'aggraver la situation. Il est donc conseillé de l'éviter.

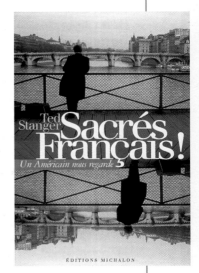

	VRAI	FAUX	?
1. Un Français reconnaît toujours qu'il a tort.	❑	❑	❑
2. Quand un Français se trompe de numéro de téléphone, il s'excuse.	❑	❑	❑
3. Les Français ont la réputation d'être très polis.	❑	❑	❑
4. Les Français ne s'excusent pas quand ils bousculent quelqu'un dans la rue.	❑	❑	❑
5. Les Américains ont moins l'esprit d'équipe que les Français.	❑	❑	❑
6. En cas d'échec au travail, le Français reconnaît sa responsabilité.	❑	❑	❑

LA VIE EN SOCIÉTÉ

Écoutez les dialogues, puis répondez aux questions en cochant une case. Si vous ne savez pas, cochez la case ?.

	OUI	NON	?
1. Vous pouvez téléphoner chez quelqu'un que vous ne connaissez pas avant 8 heures et après 21 heures.	❑	❑	❑
2. Si vous marchez sur le pied de quelqu'un, vous pouvez utiliser au moins trois formules de politesse différentes pour vous excuser.	❑	❑	❑
3. Vous connaissez le geste qu'utilisent les Français pour dire : « *Tu n'es pas un peu fou ?* »	❑	❑	❑
4. Les enfants français disent *tu* à leurs parents.	❑	❑	❑
5. Lorsqu'on ne connaît pas encore très bien quelqu'un, on peut quand même lui demander quel est son salaire mensuel ou quelles sont ses opinions politiques.	❑	❑	❑
6. Ça n'a aucune importance si on arrive en retard à un rendez-vous de travail, tout le monde le fait.	❑	❑	❑

Le paysage politique

Lisez le texte qui suit et dites quels sont les partis dont on parle dans le texte et que l'on retrouve dans les résultats des élections présidentielles de 2002.

LE PAYSAGE POLITIQUE EN FRANCE

Le paysage politique français est complexe et en évolution constante. Cependant, on peut identifier deux grands ensembles : la droite et la gauche. La vie politique est rythmée par les différentes élections : les élections présidentielles (le président de la République est élu au suffrage universel depuis 1965), les élections législatives (députés), les élections régionales (depuis la loi sur la régionalisation 1985), les élections municipales (conseillers municipaux).

La droite

Les campagnes électorales pour l'élection présidentielle et les élections législatives de 2002 ont abouti à la création d'un parti chiraquien (de Jacques Chirac) unique : l'Union pour un Mouvement Populaire (UMP) qui regroupe trois anciens partis de droite.

La droite se trouve donc à présent composée de l'UMP, de l'UDF (Union pour la Démocratie Française) de François Bayrou (non chiraquien) et du MPF (Mouvement Pour la France) de Philippe de Villiers.

La gauche

La gauche est actuellement composée :
• du PS (Parti Socialiste), qui a été majoritaire de 1997 à 2002 avec Lionel Jospin, mais qui a perdu les élections législatives en 2002.
• du PC (Parti Communiste) qui a participé au gouvernement de Lionel Jospin de 1997 à 2002. Ce parti est en perte de vitesse depuis les dernières élections.

• des Verts : le parti écologiste a participé à la « gauche plurielle » en 1997.
• du Parti Radical de Gauche (PRG), allié du PS depuis 1973.
En 1993, Jean-Pierre Chevènement, ex-PS, a créé un parti en mai 2002, le Pôle Républicain, devenu depuis janvier 2003, le Mouvement Républicain et Citoyen.

L'extrême gauche

L'extrême gauche a dépassé le candidat du PC à l'élection présidentielle de 2002, elle a obtenu un total de 10 % des votes. Les deux partis trotskistes, Lutte Ouvrière (Arlette Laguiller) et la Ligue Communiste Révolutionnaire (LCR) représentent la gauche contestataire.

L'extrême droite

Le Front national (FN) a remporté, au cours des années, des succès électoraux qui ont abouti à la présence de Jean-Marie Le Pen au deuxième tour de l'élection présidentielle de 2002 face à Jacques Chirac.

RÉSULTATS À L'ÉLECTION PRÉSIDENTIELLE FRANÇAISE EN 2002

Candidats	21 avril : 1er tour	5 mai : 2e tour
Jacques Chirac (RPR)	19,88 %	82,21 %
Jean-Marie Le Pen (FN)	16,86 %	17,79 %
Lionel Jospin (PS)	16,18 %	
François Bayrou (UDF)	6,84 %	
Arlette Laguiller (LO)	5,72 %	
Jean-Pierre Chevènement (PR)	5,33 %	
Noël Mamère (Verts)	5,25 %	
Olivier Besancenot (LCR)	4,25 %	
Jean Saint-Josse (CPNT)	4,23 %	
Alain Madelin (DL)	3,91 %	
Robert Hue (PC)	3,37 %	
Bruno Mégret (MNR)	2,34 %	
Christine Taubira (PRG)	2,32 %	

Un peu de logique

Compréhension orale

Écoutez les enregistrements et repérez les arguments proposés pour chacune des opinions exprimées.

Enr.		Argument 1	Argument 2	Argument 3
1.	Contre le fait de voter.	....	....	....
2.	Contre le candidat écologiste.	....	....	....
3.	Pour la droite.	....	....	....
4.	Pour la gauche.	....	....	....
5.	Pour l'union des partis.	....	....	....

grammairecommunicationgrammairecommunication

⊚ COMMENT ENCHAÎNER DES ARGUMENTS

• **Pour marquer la succession :**
– *D'abord... ensuite... enfin...*
– *Premièrement... deuxièmement... troisièmement...*
– *Primo... secundo... tertio...*

*J'ai choisi de vivre dans cette ville : **d'abord** elle est calme, **ensuite** les loyers ne sont pas chers et **enfin**, il y a de très bonnes installations sportives.*

• **Pour montrer qu'il y a deux aspects :**
– *D'une part... d'autre part...*
– *D'un côté... de l'autre côté...*

Votez pour Martin ! D'une part, il a déjà fait ses preuves, d'autre part, les autres candidats ne proposent rien de nouveau.

• **Pour insister sur l'argument qu'on ajoute :**
– *Non seulement... mais aussi (ou mais encore)...*

*Albert Camus est un des grands auteurs français : **non seulement** il a obtenu le prix Nobel de littérature, **mais** c'est **aussi** un écrivain très populaire à l'étranger.*

Pas du tout d'accord !

Compréhension écrite • Expression écrite

Répondez au courriel en indiquant que vous n'êtes pas d'accord et expliquez pourquoi.

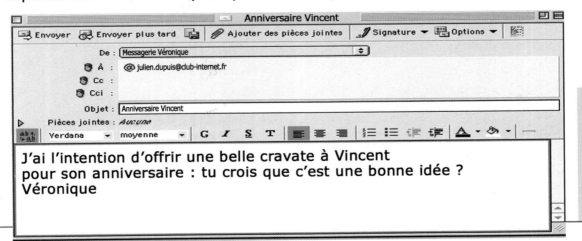

Compréhension écrite • Expression écrite

À l'occasion des élections municipales, vous recevez dans votre boîte aux lettres le tract suivant. Vous écrivez au candidat pour donner votre point de vue.

DE GRANDS PROJETS
Pour faire entrer votre ville dans le XXIe siècle

*Notre ville va lancer de vastes projets d'aménagements du centre-ville.
Ces projets répondent aux désirs et aux besoins de tous pour vivre mieux
dans une ville moderne respectueuse de ses habitants,
quel que soit leur âge.*

Ce projet comprend :

> **Un pôle commerces et services**
- la construction d'un centre commercial comprenant une boulangerie-pâtisserie, une boucherie charcuterie, une brasserie, une pharmacie, un salon de coiffure ;
- la mise en chantier de bureaux.

> **Un pôle culture et loisirs**
- la transformation du parking souterrain en salle de sports avec piscine ;
- le réaménagement du jardin public en mini-golf pour la joie des plus petits.

> **Un pôle logement**
- la construction de logements de standing ;
- la modernisation de la maison de retraite des Sablons.

> **Un pôle voirie**
- la sécurisation des voies publiques par un système de vidéosurveillance ;
- l'élargissement de la rue principale pour faciliter la circulation.

La maquette ci-dessous vous donnera un aperçu de la qualité de ces projets.

SOUTENEZ votre équipe municipale
et **RENOUVELEZ VOTRE CONFIANCE** pour que notre projet soit aussi le vôtre.

C Des solutions

**Quelles solutions proposeriez-vous pour régler ces problèmes ?
Donnez au moins trois arguments.**

Canicule.

Marée noire.

Fermeture d'usine.

• Oui, mais...

Rédigez trois phrases à partir des informations suivantes. Vous choisirez parmi les connecteurs proposés : *même si, par contre, mais, bien que, en revanche*.

1. J'ai recruté ce candidat...

- jeune
- dynamique
- peu d'expérience

2. J'ai bien aimé ce film...

- histoire super
- acteurs géniaux
- musique nulle

3. J'habite à la campagne...

- grande maison
- jardin
- une heure de voiture pour aller au travail

grammairecommunicationgrammairecommunication

 **L'OPPOSITION**

Vous pouvez opposer deux faits en utilisant différents connecteurs d'opposition.
- **Avec deux noms, deux adjectifs :** *mais.*
    Jean-Pierre n'est pas ingénieur, mais médecin.
    Ma voiture n'est pas bleue mais blanche.
- **Avec deux affirmations en opposition :** *mais, pourtant, cependant, toutefois, par contre, en revanche.*
    Vous pouvez lui rendre visite, mais ne restez pas trop longtemps.
    Isabelle est très serviable, par contre on ne peut pas trop compter sur sa ponctualité.
    Philippe est très actif, en revanche il manque un peu d'organisation.

Julie a beaucoup travaillé et pourtant elle n'a pas eu son examen.
- **Autre possibilité d'expression :** *tandis que, alors que, même si, bien que* (= subjonctif).
    Véronique a répondu à ma lettre alors que Julie ne l'a pas fait.
    Nous irons au bord de la mer demain même s'il pleut.
    Je n'ai pas réussi à voir le directeur bien que je sois arrivé à 8 heures.
- **Avec une expression suivie d'un nom.**
    Je n'ai pas réussi à faire venir Gérard malgré mes efforts pour le convaincre.

Exercice   Opposition

Complétez avec des connecteurs.

1. Roger a réussi son permis de conduire ; ...., il confond encore le clignotant et les essuie-glaces.

2. .... les critiques sont mauvaises, j'ai trouvé ce film très bon.

3. Les organisateurs ont décidé de maintenir la représentation en plein air .... les menaces d'orage.

4. .... tous les pronostics donnaient son cheval perdant, il est arrivé premier.

5. La météo ne se trompe jamais ? Elle avait annoncé du beau temps sur toute la France, ..., ici, il pleut.

6. ....nous n'avons pas toujours les mêmes opinions, j'apprécie beaucoup Vanessa.

7. Romuald a entendu toute la conversation .... il prétende être sourd comme un pot.

Exercice   Syntaxe des verbes

Complétez avec à, de, par.

1. Je suis très intéressé .... ce travail.

2. Marc a réussi .... trouver un appartement.

3. J'ai choisi .... partir en province.

4. Est-ce que tu es arrivée .... convaincre Joël de partir en vacances avec nous ?

5. Vous allez continuer .... travailler pour cette entreprise ?

6. Je prévois .... acheter un appartement dans le Midi.

7. Je suis obligé .... prendre une décision rapide.

8. J'ai l'intention .... changer de voiture.

Exercice   Opposition

Les phrases suivantes expriment-elles une opposition ?

	OUI	NON
1. Il mange comme quatre et pourtant il garde la ligne.	❏	❏
2. Malgré les nouvelles lois sur le tabac, les jeunes continuent à fumer.	❏	❏
3. Ils sont arrivés à l'heure car ils sont partis très tôt ce matin.	❏	❏
4. Cet hiver, les hôtels sont pleins et la neige est au rendez-vous.	❏	❏
5. Vous avez parfaitement réussi cet exposé, je vous félicite.	❏	❏
6. Cette année on a bien choisi notre hôtel ; il est super, par contre l'année dernière, on a eu tout faux.	❏	❏
7. Fabienne aime la charcuterie alors que moi, j'ai horreur de ça.	❏	❏
8. Les Durand viennent d'acheter un grand appartement et maintenant ils vont partir en vacances.	❏	❏
9. Elle est plutôt sympathique tandis que son mari, lui, il est franche-ment désagréable.	❏	❏
10. Je veux bien t'aider à préparer ce dossier et on le présentera ensemble au directeur.	❏	❏

séquence 4

Pratique des discours

COMMUNICATION
- Repérer l'organisation d'un récit
- Retrouver une chronologie
- Rédiger un questionnaire
- Rédiger une lettre de réclamation

GRAMMAIRE
- Temps du récit
- Indicateurs de chronologie

CULTURE : Les jeunes
Littérature : Albert Camus

Bulletin d'infos

Compréhension orale

Écoutez ce bulletin d'informations, repérez les informations et proposez des titres aussi précis que possible.

Damien Givelet.

Anne-Sophie Lapix.

Jean-Louis Caffier.

Philippe Ballard.

● Récit de voyages

Rétablissez l'ordre du texte et indiquez les mots qui vous ont permis de le faire.

Licancabur : près de 6 000 mètres...

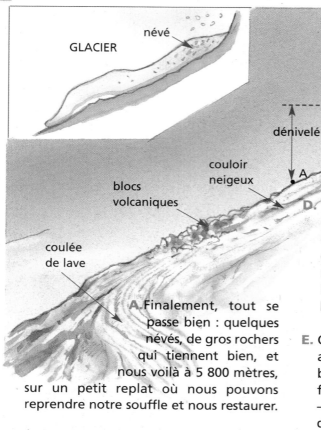

D. Vers 6 heures, le soleil commence à éclairer les flancs du volcan, mais à partir de 5 600 mètres, la pente s'accentue encore et nous nous demandons comment nous allons pouvoir contourner l'énorme barrière rocheuse qui nous barre le passage.

A. Finalement, tout se passe bien : quelques névés, de gros rochers qui tiennent bien, et nous voilà à 5 800 mètres, sur un petit replat où nous pouvons reprendre notre souffle et nous restaurer.

B. À 5 h 25, nous sommes au pied de la face est, à 4 700 mètres d'altitude. Il fait toujours nuit et nous progressons dans les coulées de lave solidifiée, à la lueur de nos lampes frontales. Le début de l'ascension est assez facile, la pente peu prononcée. La seule difficulté provient des blocs volcaniques qui témoignent, ici comme ailleurs dans la région, de scènes volcaniques qui ont du être apocalyptiques.

C. Nous gravissons rapidement les derniers mètres – la pente est beaucoup plus douce – pour déboucher au sommet et découvrir la lagune gelée qui remplit le fond du cratère.

E. Quand la sonnerie de notre réveil nous appelle à 4 heures, le premier réflexe est bien sûr de rester confortablement au fond de notre sac de couchage : il fait −16° C ! Un bon thé chaud et un petit déjeuner énergétique nous donnent un peu de courage.

F. Il est 9 h 37. Nous avons donc gravi les derniers 1 300 mètres de dénivelés en 4 heures et 12 minutes et nous sommes au sommet de la montagne sacrée de la civilisation des Incas.

G. Le froid ne nous gêne pas trop dans notre avancée, mais la pente devient terrible vers 4 800 mètres. Le souffle court, nous prenons la décision de monter le long du couloir neigeux tant que les pierres tiennent, mais rapidement le terrain devient trop instable. Nous faisons donc la trace dans la neige gelée pour monter plus facilement et plus rapidement.

1.	2.	3.	4.	5.	6.	7.
E	....	....	....	....	....	....
à 4 heures	....	....	....	....	....	....

Les jeunes en Europe

Compréhension écrite • Expression écrite • Expression orale

Lisez les extraits de l'enquête. Rédigez un questionnaire sur les quatre thèmes traités et, à votre tour, faites l'enquête autour de vous.

U*ne vaste enquête réalisée à la demande de la Communauté européenne en 2001 auprès de 9 760 jeunes Européens âgés de 15 à 24 ans.*

47 % Langues étrangères

Au total, près d'un jeune Européen sur deux (47 %) se dit bilingue (16 % seulement trilingues). L'anglais est de loin la langue la plus pratiquée – 50 % des jeunes disent la maîtriser – juste devant le français (18 %). Ceci explique cela : ce sont les jeunes Britanniques qui connaissent le moins de langues étrangères. Les jeunes Danois sont les plus polyglottes en pratiquant deux langues en moyenne. Près d'un jeune sur trois (31 %) dit toujours ne pas connaître une langue étrangère. C'est certes mieux qu'en 1990 (40 %), mais c'est la même proportion qu'en 1997.

80 % L'essor des NTIC

En quatre ans, l'essor des NTIC (Nouvelles techno-logies de l'information et de la communication) a explosé chez les jeunes. La très grande majorité (80 %) d'entre eux utilise un téléphone portable. Les plus mordus sont les Finlandais (92 %) et Italiens (90 %) alors que le taux d'utilisation est plus faible au Portugal (72 %). Près de six jeunes sur dix (56 %) font usage d'un ordinateur (contre 43 % en 1997) et un tiers (35 %) manie Internet et le courrier électronique (7 % en 1997). Mais les écarts sont élevés ; ainsi 76 % des jeunes utilisent Internet aux Pays-Bas contre 32 % en Grèce.

74 % Le rôle des amis

Parmi les différentes activités pratiquées par les jeunes, la « rencontre avec les amis » arrive en tête chez près de trois quarts (74 %) des jeunes (contre 73 % en 1997). Ces moments parta-gés jouent un rôle prépon-dérant dans la vie des jeunes aux Pays-Bas (82 %) et en Suède (88 %), plus qu'en Grande-Bretagne (69 %) et en Autriche (62 %).

69 % Télévision et cinéma

La télévision arrive en deuxième position dans le palmarès des activités pré-férées des jeunes. Plus des deux tiers d'entre eux (69 %) la regardent réguliè-rement, notamment en Belgique (80 %) et aux Pays-Bas (80 %). De son côté, le cinéma séduit régu-lièrement 45 % de jeunes Européens, avec un pic au Danemark (52 %) et en France (51 %).

Histoire d'@

Lisez le texte et remplissez le questionnaire.

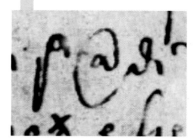

Extrait d'une lettre
de Francesco Lapi, Séville, 1536.

Le caractère @ est un caractère très présent dans notre environnement de lecture : on ne peut ouvrir un journal ou une revue sans tomber sur lui. Même si c'est un caractère très utilisé lorsqu'on possède un ordinateur, il demeure néanmoins un peu mystérieux : comment s'appelle-t-il exactement ? comment se prononce-t-il ? d'où vient-il ?

Ce signe existe depuis le Moyen Âge et vient du latin *ad* qui signifie *à*, *vers*, *auprès de*. Il est ensuite utilisé dans le courrier royal et le courrier diplomatique.

Plus tard, le @ est employé dans le commerce pour indiquer le prix d'un produit – exemple : 2 livres @ fr 15,50 = fr 31. C'est pourquoi, il a été introduit dans les claviers de machines à écrire dès 1885, puis dans les claviers informatiques standards quatre-vingts ans plus tard.

Le problème est de savoir comment on l'appelle. En anglais, on utilise le plus souvent *at*. En français, on l'appelle *arobase* mais aussi *a commercial* ; en espagnol et en portugais, c'est *arroba*, qui viendrait de l'arabe *ar-rubè*, signifiant le quart et qui désigne d'abord une unité de mesure. Beaucoup de langues utilisent des expressions qui évoquent un animal : les Allemands parlent de la queue du singe (*Klammeraffe*). Une autre image animale est souvent utilisée : l'escargot. C'est le cas en italien, en espéranto, en coréen. Les Danois l'appellent *snabel a*, c'est-à-dire *a avec une trompe d'éléphant*, les Hongrois *ver de terre*. La plus jolie image est sans doute celle des Finlandais qui appellent @ *le signe du miaou*, probablement à cause de sa ressemblance avec un chat qui dort, la queue enroulée autour de son corps...

Quelle est l'origine du mot *arobase* ou *arrobase* ? C'est un nom féminin. On dit que ce sont les imprimeurs qui l'ont inventé. Il serait la déformation de l'appellation *a rond bas*. Le mot *bas* désigne les minuscules dans le langage professionnel des imprimeurs. Autrement dit, l'@ est le *a minuscule entouré d'un rond*.

	VRAI	FAUX
1. Le caractère @ s'appelle *arobase* en français.	❑	❑
2. On doit dire *un* arobase.	❑	❑
3. Les Romains utilisaient déjà ce signe.	❑	❑
4. L'arobase a pour origine un mot latin.	❑	❑
5. Ce caractère a remplacé le signe de la multiplication (*x*) dans les écritures commerciales.	❑	❑
6. Dans beaucoup de langues, la forme du caractère fait penser à un animal.	❑	❑
7. Les Finlandais trouvent que l'arobase ressemble à une tête de chat.	❑	❑
8. On peut écrire *arobase* avec un *r* ou avec deux *r*.	❑	❑
9. Ce sont les imprimeurs qui ont donné son nom à ce caractère aujourd'hui très répandu.	❑	❑
10. L'origine du mot *arobase* est incertaine.	❑	❑

Test

Lisez, répondez aux questions puis dites si les résultats vous correspondent réellement.

TESTEZ VOS ÉMOTIONS

1 - Pour vous « émotion » égale :
○ A. tension.
○ B. faiblesse.
○ C. intuition.

2 - Une nuit de pleine lune, pour vous, c'est :
○ A. un instant magique.
○ B. des heures d'angoisse.
○ C. le bon moment pour jardiner.

3 - Un désaccord avec votre ami(e) vous :
○ A. angoisse.
○ B. contrarie.
○ C. indiffère.

4 - Votre ami(e) est rentré(e) à 5 h du matin et ne vous donne aucune explication, vous :
○ A. lui proposez de discuter calmement.
○ B. êtes malheureux(se).
○ C. lui posez mille questions.

5 - Qu'attendez-vous d'un(e) ami(e) intime ?
○ A. Loyauté.
○ B. Affection.
○ C. Compréhension.

6 - Pendant une scène très violente au cinéma, vous :
○ A. restez calme.
○ B. vous accrochez à votre voisin(e).
○ C. quittez la salle.

7 - On vous critique, vous :
○ A. perdez vos moyens.
○ B. êtes indifférent.
○ C. êtes stimulé(e).

8 - Coup de téléphone de votre mère, qui vous fait des réflexions désagréables, vous :
○ A. déprimez pendant trois jours.
○ B. lui répliquez.
○ C. plaignez votre père.

9 - Votre famille doit vous apporter :
○ A. optimisme.
○ B. sécurité.
○ C. bonheur.

10 - Une dispute avec votre père vous :
○ A. déprime.
○ B. laisse indifférent(e).
○ C. réjouit.

Comptez vos points :

	1.	2.	3.	4.	5.	6.	7.	8.	9.	10.
A	3	3	3	0	1	1	3	3	1	3
B	0	3	1	3	1	2	0	1	1	0
C	2	1	0	2	1	3	1	1	1	1

RÉSULTATS

• **Vous avez entre 17 et 23 points** : vous êtes un grand nerveux, la moindre contrariété vous met dans un état d'angoisse qui vous rend la vie très difficile à supporter. Soyez donc un peu plus zen !

• **Vous avez entre 12 et 16 points** : vous êtes d'un naturel inquiet. Essayez donc de voir le bon côté des choses, soyez positif !

• **Vous avez entre 5 et 11 points** : vous faites partie de la grande majorité des gens qui savent prendre la vie du bon côté et ne s'angoissent pas pour rien. Il n'y a pas de problème sans solution !

• **Vous avez entre 1 et 4 points** : attention, la froideur et le manque d'intérêt pour les autres prouvent un manque d'intérêt pour vous-même. Réagissez et prenez plus souvent partie !

La lettre de réclamation

Vous avez commandé par correspondance les articles suivants :

- un pantalon noir, taille 42, 50 € ;
- une pendule de cuisine, rouge, 20 € ;
- un anorak bleu, taille 46, 120 € ;
- un cartable en cuir vert, 90 € ;
- dix paires de chaussettes à rayures, taille 40, 50 €.

Vous avez reçu :

- un pantalon gris, taille 38 ;
- un radio-réveil ;
- un anorak bleu, taille 36 ;
- un cartable en cuir rouge ;
- dix paires de chaussettes à pois, taille 40 ; avec une facture de 375 euros.

Vous complétez la lettre pour exprimer votre mécontentement.

Monsieur ...... / Madame ....

M. le Directeur commercial
Tout en 48 heures
23, rue de l'Horloge
37 000 Tours

Réf. : facture n° 36 578

Chinon, le ....

Monsieur,

J'ai commandé plusieurs articles la semaine dernière, or ....

Je suis mécontent(e) ; en effet, ...

Je vous serai reconnaissant(e) de bien vouloir ....

Je vous prie ....

....

Tintin

Mettez ces vignettes dans l'ordre chronologique et justifiez votre choix.

a

b

c

d

e

Exposé au présent historique

À partir du document, vous préparez un exposé pour présenter Albert Camus.

- **7 novembre 1913 :**
Naissance d'Albert Camus à Mondovi (Algérie).Fils de Lucien Camus, ouvrier agricole, et de Catherine Sintes, jeune servante d'origine espagnole.
Mort du père pendant la Première Guerre mondiale.
Enfance dans un quartier pauvre d'Alger, Belcourt.
Études au lycée Bugeaud d'Alger grâce à une bourse.
Découverte de la philosophie et du football.
- **1932 :**
  - Baccalauréat et début des études de philosophie.
  - Publication d'articles dans une revue étudiante.
- **1934 :**
Mariage avec Simone Hié.
- **1935 :**
Adhésion au parti communiste (jusqu'en 1937).
- **1936 :**
Fondation du Théâtre du Travail.
- **1938 :**
  - Journaliste à *Alger-Républicain*.
  - Départ à Paris et travail à *Paris-Soir*.
- **1942 :**
  - Entrée dans un mouvement de résistance et publication d'articles dans *Combat*.
  - Publication de *L'Étranger* et du *Mythe de Sisyphe*. Notoriété.
- **1944 :**
  - Rencontre avec Jean-Paul Sartre.
- **1945 :**
  - Création de la pièce de théâtre *Caligula*.
- **1947 :**
Publication de *La Peste*. Immense succès.

- **1951 :**
  - Publication de *L'Homme révolté*.
  - Situation algérienne vécue comme un drame personnel.
- **1956 :**
Publication de *La Chute*, œuvre pessimiste.
- **Octobre 1957 :**
Prix Nobel. Neuvième Français à obtenir le prix Nobel.
- **4 janvier 1960 :**
Mort dans un accident de voiture, manuscrit inachevé du *Premier Homme*.

Albert Camus, un témoin de son temps

Lisez ces extraits et ces citations, donnez votre opinion sur ces écrits et sur l'écrivain, Albert Camus.

Camus romancier

Octobre 1957.

Aujourd'hui, maman est morte. Ou peut-être hier, je ne sais pas. J'ai reçu un télégramme de l'asile : « Mère décédée. Enterrement demain. Sentiments distingués. » Cela ne veut rien dire. C'était peut-être hier.

L'asile de vieillards est à Marengo, à quatre-vingts kilomètres d'Alger. Je prendrai l'autobus et j'arriverai dans l'après midi. Ainsi, je pourrai veiller et je rentrerai demain soir. J'ai demandé deux jours de congé à mon patron et il ne pouvait pas me les refuser avec une excuse pareille. Mais il n'avait pas l'air content. Je lui ai même dit : « Ce n'est pas de ma faute. » Il n'a pas répondu. J'ai pensé alors que je n'aurais pas dû lui dire cela. En somme, je n'avais pas à m'excuser. C'était plutôt à lui de me présenter ses condoléances. Mais il le fera sans doute après demain, quand il me verra en deuil. Pour le moment, c'est un peu comme si maman n'était pas morte. Après l'enterrement, au contraire, ce sera une affaire classée et tout aura revêtu une allure plus officielle.

Albert Camus, *L'Étranger*, © Éditions Gallimard, 1942.

Voici ce qu'en écrit Camus en 1955 dans la préface à l'édition américaine :

« J'ai résumé *L'Étranger*, il y a très longtemps, par une phrase dont je reconnais qu'elle est très paradoxale : *Dans notre société, tout homme qui ne pleure pas à l'enterrement de sa mère risque d'être condamné à mort*. Je voulais dire seulement que le héros du livre est condamné parce qu'il ne joue pas le jeu. En ce sens, il est étranger à la société où il vit, il erre, en marge, dans les faubourgs de la vie privée, solitaire, sensuelle. Et c'est pourquoi des lecteurs ont été tentés de le considérer comme une épave. On aura cependant une idée plus exacte du personnage, plus conforme en tout cas aux intentions de son auteur, si l'on se demande en quoi Meursault ne joue pas le jeu. La réponse est simple, il refuse de mentir. »

Extrait de la « Préface à l'édition américaine de *L'Étranger* » in *Théâtre, Récits, Nouvelles*, Bibliothèque de la Pléiade, © Éditions Gallimard.

Ainsi, à longueur de semaine, les prisonniers de la peste se débattirent comme ils le purent. Et quelques-uns d'entre eux, comme Rambert, arrivaient même à imaginer, on le voit, qu'ils agissaient en hommes libres, qu'ils pouvaient encore choisir. Mais, en fait, on pouvait dire à ce moment, au milieu du mois d'août, que la peste avait tout recouvert. Il n'y avait plus alors de destins individuels, mais une histoire collective, qui était la peste et des sentiments partagés par tous. Le plus grand était la séparation et l'exil, avec ce que cela comportait de peur et de révolte.

Albert Camus, *La Peste*, © Éditions Gallimard, 1947.

Affiche du film réalisé par Luis Puenzo, 1992.

Camus philosophe

L'homme est la seule créature qui refuse d'être ce qu'elle est.

Albert Camus, *L'Homme révolté,* © Éditions Gallimard, 1951.

Camus dramaturge

CALIGULA : « Qu'il est dur, qu'il est amer de devenir un homme. » (I, 11)
CALIGULA : « (...) Aimer un être, c'est accepter de vieillir avec lui. » (IV, 13)

Albert Camus, *Caligula,* © Éditions Gallimard, 1945.

Qu'est-ce qui vous a décidé à écrire pour le théâtre ? Que vouliez-vous exprimer particulièrement en tant qu'auteur dramatique ?

ALBERT CAMUS : J'ai écrit pour le théâtre parce que je jouais et je mettais en scène. Ensuite, j'ai compris qu'à cause de ces difficultés mêmes, le théâtre est le plus haut des genres littéraires. Je ne voulais rien exprimer, mais créer des personnages, et l'émotion, et le tragique. Plus tard, j'ai beaucoup réfléchi au problème de la tragédie moderne. *Le Malentendu, l'État de siège, les Justes,* sont des tentatives, dans des voies chaque fois différentes et des styles dissemblables, pour approcher de cette tragédie moderne.

« Interview donnée à *Paris-Théâtre* » (1958) in « Interviews », *Théâtre, Récits, Nouvelles,* Bibliothèque de la Pléiade, © Éditions Gallimard.

A. Camus dirigeant une répétition.
Festival d'Angers, 1957.

Je ne puis vivre personnellement sans mon art. Mais je n'ai jamais placé cet art au-dessus de tout. S'il m'est nécessaire au contraire, c'est qu'il ne se sépare de personne et me permet de vivre, tel que je suis, au niveau de tous. L'art n'est pas à mes yeux une réjouissance solitaire. Il est un moyen d'émouvoir le plus grand nombre d'hommes en leur offrant une image privilégiée des souffrances et des joies communes. Il oblige donc l'artiste à ne pas s'isoler ; il le soumet à la vérité la plus humble et la plus universelle. Et celui qui, souvent, a choisi son destin d'artiste parce qu'il se sentait différent, apprend bien vite qu'il ne nourrira son art, et sa différence, qu'en avouant sa ressemblance avec tous. L'artiste se forge dans cet aller-retour perpétuel de lui aux autres, à mi-chemin de la beauté dont il ne peut se passer et de la communauté à laquelle il ne peut s'arracher. C'est pourquoi les vrais artistes ne méprisent rien ; ils s'obligent à comprendre au lieu de juger. Et, s'ils ont un parti à prendre en ce monde, ce ne peut être que celui d'une société où, selon le grand mot de Nietzsche, ne régnera plus le juge, mais le créateur, qu'il soit travailleur ou intellectuel.

Albert Camus, *Discours de Suède,* © Éditions Gallimard, 1958.

Compréhension orale

Écoutez la conversation et retrouvez ce qui s'est passé.

	VRAI	FAUX	INFORMATION NON DONNÉE DANS LA CONVERSATION
Cette histoire s'est passée l'année dernière.	☐	☐	☐
Un professeur fêtait son anniversaire avec ses collègues.	☐	☐	☐
Le professeur devait corriger les copies du bac.	☐	☐	☐
Le professeur a oublié les copies dans un taxi.	☐	☐	☐
Le chauffeur de taxi a corrigé les copies.	☐	☐	☐
Le professeur a corrigé puis envoyé les notes au ministère.	☐	☐	☐
Le voleur des copies a réclamé 1 000 euros au professeur.	☐	☐	☐
Le professeur a refusé de payer.	☐	☐	☐
Le professeur en a parlé à ses collègues.	☐	☐	☐
Les copies ont été retrouvées dans une poubelle.	☐	☐	☐
Le professeur a enfin pu corriger les copies.	☐	☐	☐
Tous les journaux en ont parlé.	☐	☐	☐
Le ministère a demandé au professeur de démissionner.	☐	☐	☐

Compréhension écrite

Lisez la biographie de Carla Bruni et choisissez, parmi les trois résumés, celui qui décrit le mieux sa carrière.

CARLA BRUNI est née le 23 décembre 1968 à Turin, en Italie.
Elle s'est installée à Paris à l'âge de cinq ans avec ses parents musiciens.
Elle-même, très douée, joue de la guitare depuis l'âge de neuf ans.
Carla est la plus jeune des trois enfants Bruni (sa sœur est l'actrice-réalisatrice Valeria Bruni-Tedeschi). Elle dit elle-même qu'elle a eu une enfance fantaisiste mais solitaire.
Pour elle, le choix de la musique ne relève évidemment pas du hasard. Sa mère était une pianiste professionnelle. Son grand-père paternel était spécialiste de musique classique.
À 15 ans, avec des amis, elle a rencontré le guitariste du groupe Téléphone, Louis Bertignac : « Louis nous a ouvert sa porte et nous a offert un coca. On est devenu amis. »
À dix-neuf ans, elle arrête ses études d'art et d'architecture pour devenir mannequin.
Elle fait ses débuts en 1995, en défilant notamment pour Christian Dior, Paco Rabanne, Sonia Rykiel, Versace...
La même année, elle joue son premier rôle au cinéma dans *Catwalk* de Richard Leacock.
Elle arrête sa carrière de mannequin en 1997, et joue la même année dans *Paparazzi*.
Pendant que les autres filles de sa génération continuaient à travailler pour des marques de cosmétiques, de vêtements ou de parfums, elle a écrit une cinquantaine de chansons, en français, en anglais et en italien.
Fin 2002, elle se révèle en tant que chanteuse, et publie *Quelqu'un m'a dit*, album très bien accueilli par la critique, réalisé par Louis Bertignac, et dont elle a écrit et composé presque tous les titres.

1. Carla Bruni, née au siècle dernier, est italienne. Elle a fait une courte carrière de mannequin et d'actrice avant de devenir chanteuse. Elle compose aujourd'hui ses chansons indifféremment en trois langues. Dans sa famille, on compte de nombreux artistes (musiciens, acteurs). Avant de se lancer dans cette carrière, elle s'est intéressée aux arts et à l'architecture. Elle est aujourd'hui la compagne du chanteur Louis Bertignac qu'elle a rencontré quand elle avait quinze ans.

2. Carla Bruni a aujourd'hui trente ans. Elle est née en Italie de parents français. C'est une grande actrice de cinéma qui a tourné dans des films comme *Catwalk* et *Paparrazzi.* Sa connaissance de plusieurs langues lui a permis de chanter dans ses films. Ses nombreux frères et sœurs travaillent également dans le cinéma ou dans la mode. Elle a abandonné rapidement ses premiers métiers pour la chanson, totalement par hasard. Elle joue de la guitare depuis son enfance, comme sa mère, qui était guitariste professionnelle.

3. Carla Bruni est née en Italie mais est arrivée très jeune en France. Elle a aujourd'hui presque la quarantaine. Elle appartient à une famille de musiciens mais a fait des études d'art avant de travailler dans le monde de la mode puis du cinéma. Elle est plurilingue et écrit des chansons indifféremment dans l'une ou l'autre des langues qu'elle parle. Elle a abandonné rapidement ses premiers métiers pour la chanson. Elle chante en s'accompagnant de la guitare. Sans doute sa rencontre avec le guitariste Louis Bertignac a-t-elle été marquante.

● Production orale (en interaction)

Jeu de rôle à deux. Choisissez l'un des thèmes suivants et répartissez-vous les rôles. L'un d'entre vous raconte, l'autre lui pose des questions.

1. Vous venez de réussir votre permis de conduire. Racontez comment cela s'est passé.
2. Vous venez de faire un voyage. Racontez.
3. Vous venez de rencontrer par hasard quelqu'un que vous n'avez pas vu depuis longtemps. Racontez.
4. Vous venez de voir un film que vous avez beaucoup aimé. Racontez.
5. Vous avez été témoin d'un incident dans la rue. Racontez.

● Production écrite

Choisissez un des thèmes suivants et envoyez un courriel à un(e) de vos ami(e)s (100 mots maximum).

1. Vous venez de vous installer dans un nouveau quartier. Racontez votre prise de contact avec vos nouveaux voisins.
2. Vous avez lu un fait divers qui a retenu votre attention.
3. Vous êtes allé(e) à une soirée qui vous a beaucoup plu.

PARCOURS 2

Ce parcours propose d'apprendre les formes particulières du discours narratif et descriptif / explicatif ancrées dans le domaine professionnel et scolaire, ce qui nous conduit à travailler sur des documents et des productions comme le relevé d'informations, le rapport, la fiche de procédures.

Les situations de discours sont contextualisées dans des situations professionnelles : parcours scolaire, recrutement, formation professionnelle, vie quotidienne au travail, et les outils nécessaires à la production de ces types de discours sont développés : discours rapporté, relation de cause / conséquence, quantification.

Dans ce parcours, on s'attache à analyser la construction de l'argumentation : donner un argument, réfuter un argument, réagir à la prise de position de l'autre...

La dernière séquence de ce parcours met l'accent sur les capacités à comprendre de façon détaillée, à analyser et à structurer un texte ; elle intègre également une sensibilisation à la variation, en particulier avec des accents de francophones.

Les thèmes socioculturels portent sur le système scolaire, le parcours professionnel et le temps de travail.

Le dossier « Littérature » est consacré à Georges Simenon, écrivain prolixe dont nombre d'œuvres ont été portées à l'écran (cinéma, télévision).

séquence 5

Raconter

COMMUNICATION
- Parler de son expérience
- Situer dans le temps : chronologie (suite)
- Rapporter des propos

GRAMMAIRE
- Discours rapporté
- Concordance des temps
- Indicateurs de temps
- Fréquence
- Cause / conséquence

CULTURE : Le parcours professionnel

Candidature

Compréhension orale • Compréhension écrite

Écoutez le dialogue et, à l'aide des informations du dialogue, corrigez les erreurs dans le CV.

Catherine ROCHAT
34, rue des Roses
69 007 Lyon
04 72 56 35 18
42 ans

FORMATION

1998	Diplôme de Sciences politiques, Grenoble.
1993	Licence de psychologie, Lyon.
1991	DEUG d'allemand, Lyon

Langues parlées   *Allemand*   *Anglais*

EXPÉRIENCE PROFESSIONNELLE

1994-1997	Chargée de communication dans le groupe Les Trois Belges.
Depuis 1997	Chargée de communication à Trans Air .

Centres d'intérêts   *Cinéma*   *Voyages*   *Alpinisme*

Entretien

Compréhension orale • Expression écrite

Écoutez l'enregistrement, prenez des notes et remplissez la fiche qui suit.

Fiche d'entretien

Nom : Yang
Prénom : Yong Hee
Études : ....
Expérience artistique : ....
Autre : ....
Connaissance du français : ....
Projets : ....

• Devant la machine à café : potins

Écoutez et remplissez la grille.

Retrouvez...

Qui parle ?	De qui ?	Quelle est l'information ?
1.	....	....
2.	....	....
3.	....	....

grammairecommunicationgrammairecommunication

🌀 LE DISCOURS RAPPORTÉ

Pour rapporter les paroles de quelqu'un, on peut utiliser plusieurs procédés :

1. Reprendre exactement les paroles de la personne avec les verbes *dire* et *demander* :

Je travaille à la SNCF.
→ *Jacques m'a dit qu'il travaillait à la SNCF.*
Vous avez des enfants ?
→ *Paul m'a demandé si j'avais des enfants.*

ATTENTION à la concordance des temps.
Lorsque le verbe *dire* ou *demander* est au passé, il y a des transformations :
• **le présent devient imparfait :**
Il m'a dit qu'il travaillait.
• **le passé composé devient plus-que-parfait :**
Il m'a dit qu'il avait acheté une voiture décapotable.
• **le futur devient conditionnel :**
Il m'a dit qu'il ne viendrait pas samedi.

2. On peut reprendre le sens général des paroles de quelqu'un et insister, à l'aide de verbes, sur ce que l'interlocuteur a fait :
• **conseiller, suggérer :**
Prenez le train, c'est plus rapide.
→ *Il m'a conseillé de prendre le train.*
• **critiquer, réprimander :**
Ce n'est pas bien ce que vous avez fait.
→ *Il a critiqué ce que j'avais fait.*
• **approuver, féliciter :**
Votre roman est extraordinaire.
→ *Il m'a félicité pour mon roman.*
• **expliquer :**
Vous prenez la première rue à droite puis la deuxième à gauche.
→ *Il m'a expliqué où il habitait.*
• **souhaiter quelque chose :**
Bonnes vacances !
→ *Il m'a souhaité de bonnes vacances.*

ATTENTION : ***demander si* / *demander de* :**
Vous avez une voiture ?
→ *Il m'a **demandé si** j'avais une voiture.*
(question)
*Sortez ! → Il m'a **demandé de** sortir.*
(ordre ou demande)

Exercice — Le discours rapporté

Faites correspondre une phrase de M. Duval avec une phrase de discours rapporté.

1. Je trouve que le Premier ministre agit sans aucune concertation avec les partenaires sociaux impliqués dans ce conflit.
2. Je vous demande instamment d'obtenir l'autorisation de l'Organisation des Nations unies avant d'entreprendre toute intervention.
3. Votre prestation dans cette pièce de théâtre est merveilleuse, je suis vraiment fasciné par votre jeu.
4. Vous m'avez vraiment déçu, votre comportement agressif avec vos collègues est inadmissible.
5. Mesdames et messieurs, je vais vous indiquer quelle sera la politique menée par mon gouvernement dans l'année qui vient...

a. M. Duval a exposé son programme d'actions.

b. M. Duval a félicité chaleureusement l'acteur Patrick Chandelier.

c. M. Duval a critiqué le gouvernement.

d. M. Duval a vivement réprimandé un de ses employés.

e. M. Duval a incité un pays voisin à s'entourer de précautions dans ce conflit.

Exercice — Concordance des temps

Complétez.

1. Vous avez eu du beau temps ? → Il m'a demandé si nous .... du beau temps.
2. Tu connais Marc ? → Elle m'a demandé si je .... Marc.
3. On a construit une nouvelle route. → Il m'a dit qu'on .... une nouvelle route.
4. Vous allez acheter une voiture ? → Il m'a demandé si j'.............. une voiture.
5. Tu iras chez Jacques demain ? → Il m'a demandé si j'.............. chez Jacques demain.
6. Vous avez rencontré Anne ? → Elle m'a demandé si j'.............. Anne.
7. André a acheté une maison ? → Oui, il m'a dit qu'il .... une maison.
8. Tu vas aller chercher James à la gare ? → Je t'ai demandé si tu .... chercher James à la gare.

Exercice — Syntaxe des verbes

Complétez avec à ou de.

1. Ma mère nous a interdit .... sortir.
2. Je vous conseille .... prendre un avocat.
3. Elle l'a autorisé .... rencontrer sa fille.
4. Cédric l'a invité .... passer des vacances dans les Alpes.
5. Je vous promets .... vous envoyer ce livre.
6. Il a refusé .... m'aider.
7. J'ai vraiment besoin .... prendre des vacances.
8. Je ne suis pas disposée .... faire des compromis dans cette affaire.

• Courrier des lecteurs

Lisez cette lettre.

Je devais faire, devant tous mes collègues, une déclaration en anglais, langue que je ne maîtrise pas bien, loin de là. J'étais mal à l'aise, je me raccrochais à ma feuille avant de lire mon texte. En levant le nez, j'ai aperçu deux collègues au fond qui ricanaient. J'étais certaine qu'ils se fichaient de moi et de mon accent. Cela n'a fait qu'accroître ma gêne. Après mon intervention, quelqu'un m'a assuré que j'avais été très bien. Mais je ne l'ai cru qu'à moitié.

Lise, cadre commercial

Racontez une situation où vous vous êtes senti mal à l'aise.

• Faire un CV

Écoutez le dialogue et rédigez, sous forme de notes, le CV de Martin Sauveur.

• À vous

En groupes, vous préparez un entretien à l'aide des points qui suivent. Vous pouvez soit raconter votre expérience, soit imaginer celle d'un personnage.

- • études
- • goûts
- • langues parlées
- • projets professionnels

grammairecommunicationgrammairecommunication

CAUSE / CONSÉQUENCE

Il y a plusieurs façons d'exprimer la cause et la conséquence.

• **En juxtaposant deux énoncés :**

J'étais malade, je ne suis pas allé travailler.

• **En utilisant un connecteur :** *parce que, puisque, comme* qui introduit la cause :

Comme j'ai raté mon avion, je n'ai pas pu arriver pour l'ouverture du congrès.

• **En utilisant des expressions suivies d'un nom qui indique la cause :** *à cause de, en raison de, à la suite de, grâce à* (sens positif) :

Le concert a été annulé en raison de la pluie.

À la suite d'une tempête, aucun avion ne peut décoller.

En raison d'une grève, aucun avion ne peut décoller.

Grâce à tes conseils, j'ai réussi mon examen.

• **En utilisant des verbes ou des expressions qui sont suivis de la conséquence :** *causer, provoquer, être à l'origine de, être responsable de* :

La pluie a provoqué l'annulation du concert.

L'ouragan a causé des dégâts importants.

L'ouragan est responsable d'un mouvement de panique.

L'ouragan est à l'origine d'un mouvement de panique.

• **En utilisant des verbes ou des expressions qui sont suivis de la cause :** *être dû à, être provoqué / causé par, avoir pour cause, avoir pour origine* :

La panique est due à l'ouragan.

L'incendie a pour origine un court-circuit.

On peut aussi exprimer la conséquence en utilisant les mots *conséquence* ou *résultat* :

Il n'a rien fait de toute l'année. Résultat : il a raté son examen.

La bourse s'est effondrée. Conséquence : plusieurs entreprises ont fermé.

Exercice   Cause / conséquence

Complétez ce texte avec les mots suivants : *grâce à, si bien que, puisque, comme, en raison de, résultat.*

1. .... les prix ont baissé, la consommation a repris.

2. La situation s'est nettement améliorée, ... nous pouvons être optimistes.

3. Le cours de l'euro a baissé .... les investissements ont repris en Europe.

4. Les difficultés économiques sont importantes. .... : il est difficile pour ce pays de payer sa dette.

5. .... le chômage a diminué, les Français consomment plus.

6. .... grèves des transports, le déficit de la SNCF a augmenté.

7. .... efforts des salariés, l'entreprise Axilor ne fermera pas.

8. .... nous n'obtenons pas de résultats, nous devons changer de politique.

• Rubriques

1. Mettez en relation une expression avec la couleur noire et sa définition.

Une marée noire.

Le marché noir.

Être la bête noire de quelqu'un.

Avoir des idées noires.

Une série noire.

Être sur la liste noire.

Une caisse noire.

Une ceinture noire.

Une colère noire.

L'humour noir.

▮ Fonds secret (d'un parti politique, d'un organisme...).

▮ Catastrophe écologique due au naufrage d'un pétrolier près des côtes.

▮ Forme de dérision sur des sujets graves (la maladie, la mort...).

▮ Figurer parmi un groupe de personnes indésirables, boycottées.

▮ Qualification au judo ou au karaté.

▮ Commerce illicite et clandestin qui se pratique en période de pénurie.

▮ Suite d'événements malheureux qui se succèdent en chaîne.

▮ Avoir des pensées négatives.

▮ Inspirer de la peur et de l'hostilité.

▮ Une colère violente.

2. Dans la plupart de ces expressions, quelle est la valeur symbolique de la couleur rouge ? Mettez en relation une expression avec la couleur rouge et sa définition.

Le Petit Chaperon rouge.

Un feu rouge.

Dérouler le tapis rouge.

Un carton rouge.

Être sur la liste rouge.

Le drapeau rouge.

Se fâcher tout rouge.

Tirer à boulets rouges sur quelqu'un.

Une journée rouge.

Être dans le rouge.

▮ Accueillir quelqu'un avec tous les honneurs.

▮ Refuser de figurer dans l'annuaire téléphonique.

▮ Se mettre en colère.

▮ Se trouver dans une situation financière difficile.

▮ Personnage principal d'un conte célèbre.

▮ Signal d'arrêt impératif.

▮ Attaquer violemment quelqu'un.

▮ Jour difficile pour la circulation à cause d'une augmentation du trafic.

▮ Petit accessoire utilisé par un arbitre de football pour sanctionner une faute grave d'un joueur.

▮ Symbole révolutionnaire.

EXPRESSIONS IMAGÉES

Écoutez les petits dialogues et choisissez le sens des expressions qui convient.

1. Ce n'est pas la mer à boire.
- ❏ Ce n'est pas difficile.
- ❏ Je ne veux pas passer le permis de conduire les bateaux.
- ❏ Je n'ai pas soif.

2. Il est bête comme ses pieds.
- ❏ Il court très vite.
- ❏ Il vient toujours à vélo.
- ❏ Il est stupide.

3. Ça va comme un lundi.
- ❏ Ça va bien.
- ❏ C'est lundi et c'est difficile de reprendre le travail.
- ❏ J'ai passé une mauvaise semaine.

4. Il a eu des hauts et des bas.
- ❏ Il a acheté un pull et des collants.
- ❏ Il a vécu des moments difficiles.
- ❏ Il est en mauvaise santé.

5. À qui le dis-tu !
- ❏ Tu exagères.
- ❏ C'est vrai, tu as raison.
- ❏ Que veux-tu dire ?

6. J'ai pris le chemin des écoliers.
- ❏ Je suis passé par l'école avant de venir.
- ❏ Je n'ai pas trouvé facilement le chemin.
- ❏ Je suis venu en me promenant, par le chemin le plus long.

7. Ils ont déroulé le tapis rouge.
- ❏ J'ai été reçu comme un prince.
- ❏ Ils étaient rouges de colère.
- ❏ On m'a accueilli froidement.

8. J'ai fait le tour du cadran.
- ❏ Je n'ai pas fermé l'œil de la nuit.
- ❏ J'ai dormi douze heures de suite.
- ❏ Je n'ai pas dormi chez moi.

9. J'en ai pris pour mon grade.
- ❏ J'ai obtenu une promotion.
- ❏ Le directeur m'a refusé une augmentation.
- ❏ Le directeur m'a fait de violents reproches.

10. Il y a belle lurette qu'il est parti.
- ❏ Rémi vient de partir.
- ❏ Rémi n'est pas encore parti.
- ❏ Rémi est parti depuis longtemps.

SLURP !

Évolution du monde du travail

Commentez ces schémas.

Expression orale

La montée du temps partiel
Créations d'emplois (1978-1999)

\+ 1,5 million

Temps partiel
\+ 2,5 millions

Temps plein
– 1 million

Temps partiel
Hommes : (1978) **0,3 M** - (1999) **0,7 M** (6 % des hommes)
Femmes : (1978) **1,3 M** - (1999) **3,2 M** (32 % des femmes)

Source INSEE, enquête emploi

Des emplois plus fragiles
En 20 ans : 1978-1999
La population active a augmenté de + 3,5 millions

Chômage
\+ 2 millions

Créations d'emplois
\+ 1,5 million

= 1,5 million d'emplois temporaires :
CDD, intérim, apprentisage, emplois aidés...

Source INSEE, enquête emploi

Compte rendu

Compréhension écrite • Compréhension orale • Expression orale

Lisez le compte rendu, écoutez l'enregistrement et indiquez ce qui est faux dans la conversation par rapport au compte rendu.

CONSEIL D'ADMINISTRATION

Vendredi 10 novembre - 9 h 30
105, boulevard Voltaire - 75011 Paris

Étaient présents :
M. Henri d'Alembert, Président
Mme Pervenche Dumont d'Avranches, Comptable
Mlle Céline Berthier, Directrice des Ressources humaines
M. Charles Gervais, Consultant
Mlle Dorothée Albertini, Responsable qualité
M. John Bridge, Rédacteur en chef
Mme Amandine Brecht, Journaliste
M. Christian Beauvais, Chef de fabrication

Étaient excusés :
Madame Claude Grandin, Directrice du département des Affaires internationales
Monsieur Alain Delpierre, Responsable du département Politique intérieure
Mademoiselle Sylvie Champagne, Directrice adjointe

Compte rendu de réunion :
Le CA qui s'est réuni le vendredi 10 novembre a :
1. décidé à l'unanimité de reconduire Monsieur Bridge dans ses fonctions de Rédacteur en chef ;
2. apprécié la façon dont il a présenté les perspectives de développement du journal ;
3. regretté que les prévisions du plan de formation ne prennent pas assez en compte les changements informatiques ;
4. voté à l'unanimité moins une voix le budget pour l'année suivante ;
5. rappelé à Madame Grandin qu'elle s'était engagée pour l'année à venir à tracer les grandes lignes d'un supplément hebdomadaire consacré aux relations internationales.

Remarques :
Monsieur Gervais a fait remarquer que ce budget ne tenait pas compte de l'augmentation du prix du papier.
Mademoiselle Champagne, après approbation des membres du CA, représentera Monsieur Bridge à la conférence des Chefs d'État en janvier à Dakar.

Bilan d'une société

Compréhension orale • Expression écrite

Écoutez l'enregistrement, prenez des notes, puis complétez le document présentant le bilan de la Société Egovis.

EGOVIS

BILAN

Nombre d'employés ....

Création d'emplois ....

Chiffre d'affaires ....

Recherche ....

Qualité ....

Parts de marché ....

grammairecommunicationgrammairecommunication

LA FRÉQUENCE (2)

LA RÉPÉTITION
Certains marqueurs soulignent le fait que l'action se répète systématiquement :
> André arrive **constamment** en retard au travail.
> Cet été, il a plu **tout le temps**.
> Elle achète **toujours** la même marque de spaghetti.

Chaque fois que... / toutes les fois que...
On emploie ces locutions pour exprimer qu'une cause entraîne systématiquement la répétition de la même conséquence :
> **Toutes les fois que** j'organise un pique-nique, il pleut !
> Tu te mets en colère **chaque fois que** je te parle d'argent.

Exercice   La fréquence

Construisez des phrases en utilisant *chaque fois que, toutes les fois que*.

1. Je lave la voiture / il se met à pleuvoir !   → ....

2. Paul fait la vaisselle / il casse au moins un verre.   → ....

3. Tu as fini de taper ton texte / il faut le sauvegarder.   → ....

4. Nous nous arrêtons à Venise / nous allons en Italie.   → ....

5. Nous nous disputons / nous nous rencontrons.   → ....

6. Je suis allé en Grèce / j'ai passé d'excellentes vacances.   → ....

7. J'ai prêté un livre à Denis / il ne me l'a jamais rendu.   → ....

8. J'ai perdu de l'argent / j'ai joué au loto.   → ....

Licenciement

Compréhension orale • Expression écrite

Écoutez la conversation et rédigez la lettre de Jean-Paul pour expliquer ce qui s'est passé et demander conseil.

Exercice   Cause / conséquence

Complétez avec les connecteurs *comme, puisque, si bien que, en effet, parce que.*

Nous avons eu des difficultés cet hiver .... nous avons dû augmenter les cotisations de nos adhérents.

.... cette situation dure depuis quelques mois, les comptes de notre société d'assurances sont presque négatifs.

Nous avons eu des difficultés .... le nombre d'accidents a augmenté de manière très significative. Ceci vient sans doute des mauvaises conditions climatiques ; ....
il a neigé pendant quatre mois et les températures n'ont pas dépassé 2° C pendant cette période.

.... nous voulons rester compétitifs et .... nous ne pouvons pas augmenter encore les cotisations, nous allons rechercher d'autres sources de financement.

Candidature

Expression écrite

Rédigez une lettre de motivation pour poser votre candidature à l'un de ces postes.

séquence 6

Décrire Expliquer

COMMUNICATION
- Présenter un système, des faits de société
- Commenter un phénomène, des statistiques

GRAMMAIRE
- Pronoms démonstratifs
- Quantification : les pourcentages

CULTURE : Le système scolaire

● Où s'inscrire ?

Compréhension orale

Écoutez les dialogues et dites dans quel établissement chaque étudiant va s'inscrire.

École Nationale Supérieure d'Information et de Mathématiques Appliquées de Grenoble.

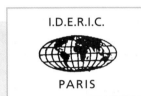

Institut d'Études Diplomatiques et de Relations Internationales Contemporaines.

Institut Universitaire de Technologie du Mans.

École Supérieure de Journalisme de Lille.

Université de Toulouse Le Mirail (Département Lettres modernes).

	Claude	Fabienne	Véronique	Simon	Chantal	Frédéric
Établissement	....	....	....	....	....	....

• Maison à vendre

Lisez la petite annonce, écoutez l'enregistrement et complétez le tableau en donnant toutes les précisions possibles.

ANNONCES IMMOBILIÈRES

RILLY
vds importante maison
Sit. excep. 2 apparts
dont 1 hab. et 1 à restaurer,
gdes dép. à l'étage
pour poss. diverses,
px 189 500 €.

IMMO
Agence Immogestion,
Tél. 03.82.63.27.05.

Localisation de la maison :

....

Nombre de pièces :

....

Surface habitable :

....

Aménagements possibles :

....

Avantage de la situation de la maison :

....

• À vous

Choisissez une petite annonce, travaillez par deux et préparez une simulation au téléphone entre le vendeur et un acheteur.

DIVERS

GD meuble TV en pin,
partie vitrée, TBE,
neuf 200 €,
vendu 130 €, 3 Étagères,
Tél. 03.81.34.34.57.

Canapé d'angle, tissu,
parfait état, 1.200 €,
Tél. 06.75.43.78.64.

Vds Honda 500 XLS, BE

Salon Louis XIII, 4 fauteuils,
banquette, prix intéressant,
Tél. 06.11.21.44.99.

Collection intégrale
Lucky Luke, 11 tomes,
reliés cuir, 200 €,
idem Gaston Lagaffe, 75 €,
exceptionnel.
Tél. 01.43.43.51.87.

grammairecommunicationgrammairecommunication

🐌 LE PRONOM DÉMONSTRATIF : *CELUI / CELLE / CEUX / CELLES*

1. FORMES

	masculin	féminin
singulier	*celui*	*celle*
pluriel	*ceux*	*celles*

Le pronom démonstratif se construit avec un complément ou une proposition relative :

Ma voiture est chez le garagiste. Je vais emprunter celle (= la voiture) de Jean.
Donne-moi le livre de français : c'est celui (= le livre) qui est sur la table.

2. EMPLOIS

a) Le pronom démonstratif sert à reprendre un nom pour éviter de le répéter :

J'ai trouvé le journal d'hier mais pas celui (= le journal) d'aujourd'hui. C'est toi qui l'as ?

b) *Celui-ci / celui-là...* désigne l'un et/ou l'autre de deux objets ou bien l'une et/ou l'autre de deux catégories d'objets. Ces pronoms démonstratifs sont utilisés lorsqu'on montre quelque chose :

– J'hésite entre ces deux cravates. Et toi, tu préfères celle-ci ou celle-là ?
– Moi, j'aime mieux celle-ci, la bleue.

Pour désigner quelque chose de façon imprécise (et familière), on utilise *ça* ou *ce truc-là* ou *ce machin-là* :

– Combien ça coûte, ce truc-là ?
– Ça ? ça vaut 12,50 €.

Exercice — Les pronoms démonstratifs

Complétez les phrases avec le pronom démonstratif qui convient.

1. J'aime beaucoup les fruits, surtout .... de l'été : les pêches, les abricots, les melons...

2. Les dictionnaires sont sur le rayon du milieu, l'encyclopédie sur .... du haut.

3. Si vous voulez voir un bon film, allez voir .... qui passe actuellement au cinéma Vox.

4. Je voudrais une paire de sandales en cuir. J'aime bien .... que vous avez en vitrine. Je peux les voir ?

5. Le train de 8 h 02 arrive à Paris à 10 h 25 mais .... de 8 h 32 arrive beaucoup plus tard dans la matinée parce que ce n'est pas un TGV.

6. Irène parle toujours de ses propres problèmes mais elle ne s'intéresse jamais à .... des autres.

7. J'aime bien la copine de Gaël ; elle est beaucoup plus sympa que .... d'Olivier.

8. J'ai fait deux tartes aux pommes : .... est pour midi et ...., nous la mangerons demain soir avec tes parents.

grammairecommunicationgrammairecommunication

🐌 LA QUANTIFICATION : LE POURCENTAGE

On peut exprimer une quantité au moyen d'un pourcentage ou d'une fraction :

100 % (cent pour cent)
 = la totalité
75 % (soixante-quinze pour cent)
 = les trois quarts
50 % (cinquante pour cent)
 = la moitié
30 % (trente pour cent)
 = (environ) le tiers

25 % (vingt-cinq pour cent)
 = le quart
10 % (dix pour cent)
 = le dixième

En 2003, la population d'origine étrangère représente 8,2 % de la population totale de la France.

Autre formulation possible :

un ... sur + chiffre rond approximatif :

Près d'un Français sur dix est d'origine étrangère.

● Le saviez-vous ?

Compréhension écrite • Expression orale

À partir des trois documents ci-dessous, faites un court commentaire en interprétant les pourcentages.

L'engagement des jeunes en chiffres

- 81 % des 11-15 ans disent n'avoir aucun engagement « citoyen »*.
- Les guerres (41 %), le racisme (40 %), l'insécurité et la violence (38 %) sont les sujets qui préoccupent le plus les 11-15 ans*.
- 1/4 des 16 000 étudiants européens intègrent le bénévolat dans leur projet d'avenir.
- 44 % des jeunes franciliens (16 à 35 ans) sont ou ont été bénévoles.
- 92 % d'entre eux en tirent un bilan positif, tant sur le plan personnel que professionnel.
- Se rendre utile (68 %), rencontrer des gens (57 %) et acquérir des connaissances (53 %) constituent les principales motivations des jeunes engagés.

   * Enquête du Credoc.
Les autres données sont issues d'une étude de l'Iriv (Institut de recherche et d'information sur le volontariat).

Valeurs mutualistes, février 2003.

LE SAVIEZ-VOUS ?

"Gros" randonneur   "Moyen" randonneur   "Petit" randonneur

Parmi les randonneurs :
- 25,7 % pratiquent 2 fois par mois.
- 38,7 % marchent 5 à 12 fois par an.
- 35,6 % randonnent 1 à 4 fois par an.

Les femmes sont de plus en plus nombreuses à marcher :
6 randonneurs sur **10** sont des femmes.

on voit les resquilleurs !

32 % des randonneurs ont entre 35 et 49 ans.

Le Journal de Carrefour, n° 96, mai 2003.

ÉVOLUTION EN POURCENTAGE DE LA SURFACE DES FORÊTS ENTRE 1990 ET 2000

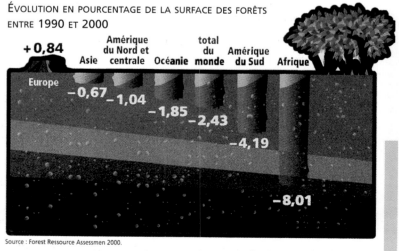

Source : Forest Ressource Assessmen 2000.

Le Nouvel Observateur, n° 1977.

Le cartable électronique

Lisez le texte et répondez au questionnaire.

LE CARTABLE ÉLECTRONIQUE

Dans plusieurs académies, on expérimente actuellement le cartable électronique.

De quoi s'agit-il ? C'est un appareil composé d'une tablette électronique avec un écran tactile en couleurs d'un format 21 x 29,7 cm et d'une épaisseur de 3 cm. Il ne comporte pas de clavier : à l'aide d'un stylet en plastique, l'élève pointe des icônes présentes sur l'écran tactile et peut faire défiler des pages.

Le cartable électronique contient le texte des manuels nécessaires au travail dans les différentes matières : histoire-géographie, français, mathématiques, sciences de la vie et de la Terre, etc. ainsi qu'un dictionnaire illustré. Il ne pèse

Élèves d'une classe de troisième du collège Jean Renoir à Boulogne-Billancourt.

qu'un kilo et permettra peut-être la disparition des lourds cartables que les élèves – notamment les plus jeunes – transportent sur leur dos. Autre avantage : le cartable électronique intègre différents médias, images fixes, son et vidéo.

Cet outil permet aussi aux enseignants de guider les élèves dans leur travail en complétant le cours par des ressources documentaires de leur choix. Les élèves qui ont utilisé ce nouvel outil sont unanimes pour en souligner la facilité d'utilisation et la richesse des contenus. En outre, cet outil ludique a l'attrait de la nouveauté et il capte facilement leur attention.

	VRAI	FAUX
1. Le cartable électronique est répandu dans tous les établissements scolaires.	❏	❏
2. Il ressemble à un ordinateur mais sans clavier.	❏	❏
3. Son utilisation est un peu difficile.	❏	❏
4. Le cartable électronique permet de stocker le contenu des manuels scolaires.	❏	❏
5. Le cartable électronique ne peut pas remplacer le cartable traditionnel.	❏	❏
6. Les cartables traditionnels sont généralement lourdement chargés par les élèves.	❏	❏
7. Grâce au cartable électronique, les élèves peuvent lire des textes, écouter des leçons, enregistrer et visionner des images fixes ou animées.	❏	❏
8. Les enseignants ne peuvent pas modifier les contenus du cartable électronique.	❏	❏
9. Les élèves apprécient l'utilisation du cartable électronique.	❏	❏
10. Le problème, c'est que les élèves utilisateurs du cartable électronique manquent d'attention.	❏	❏

Rubriques

LES MOTS DU « BOULOT »

Comme pour tous les domaines importants de la vie (l'argent, l'amour, les sentiments forts tels que la peur, les accessoires dominants tels que l'automobile, les réalités du corps, la nourriture, etc.), le vocabulaire du travail est très riche, notamment dans la langue populaire et argotique.

Ainsi, de nombreux verbes sont synonymes de *travailler* dans la langue familière : *bosser, turbiner, gratter, marner, boulonner, bûcher, aller au charbon*. On notera que tous ces verbes ont une valeur intensive et signifient « travailler beaucoup », « travailler durement ». Rappelons à ce propos l'étymologie du mot *travail* : le mot vient du latin *tripalium*, qui désignait un chevalet formé de trois morceaux de bois assemblés et qui était utilisé comme... instrument de torture ! La langue populaire renoue donc spontané-ment avec l'idée de souffrance associée à l'idée d'un travail difficile et fatigant.

Le nom *travail* a, lui aussi, de nombreux équivalents en argot (dont certains appartiennent à la famille des verbes cités ci-dessus) : *le boulot, le turbin, le taf, un job*. Pour qualifier le travail, dans la langue courante, on utilise des comparaisons et des métaphores. Ainsi, de quelqu'un qui travaille beaucoup, on dira qu'il travaille *comme un bœuf* ou *comme un forçat*. C'est un *bourreau de travail*. Si un travail demande beaucoup de temps et beaucoup d'efforts, on dit que *c'est un travail de Romain*. Si on travaille sans être payé ou en étant mal rémunéré, *on travaille pour la gloire, on travaille pour des prunes* ou – dans une langue plus familière – *on bosse pour des clopinettes*.

LA DÉFINITION (2)

Pour construire une définition afin d'obtenir de son interlocuteur le mot qu'on cherche en français (ou dont on ne se souvient plus), il faut donner :
a) la catégorie de la chose ou de l'idée ;
b) les caractéristiques ou les propriétés de l'objet ou de l'idée ;
c) un exemple.
– *Comment on appelle l'habitation avec des roues* (= catégorie générale) *qu'on accroche derrière une voiture* (= caractéristique / propriétés) ? *Tu sais, les Gitans en ont* (= exemple).
– *Une caravane.*

Écoutez et trouvez le mot qui correspond à chaque enregistrement.

a) un reproche
b) un hebdomadaire
c) le potage
d) l'endurance
e) l'avarice
f) la cigale
g) un pamplemousse

Fred Blondin

Le café du monde

Au bord des rails du Paris-Toulouse
Planté au milieu des cailloux
C'est un endroit qui sent bon le blues
Sorti d'un rêve un peu fou

C'est un café bien caché
Perdu au milieu de rien
C'est une gare pour autre part
Un carrefour pour d'autres chemins

Même si t'es pas riche on s'en fiche
Prends une guitare et donne tout c'que t'as
Pourvu qu'on soit sur la même longueur
d'ondes
Bienvenue au Café du Monde

C'est l'Amérique et l'Afrique
Sur un quai désaffecté
Plein de souv'nirs et de musiques
Un repaire pour l'amitié

C'est un café bien caché
Ouvert à tous les horizons
Les soirs d'été soleil couché
On y voit s'envoler des chansons

Même si t'es pas riche on s'en fiche
Prends une guitare et donne tout c'que t'as
Pourvu qu'on soit sur la même longueur d'ondes
Bienvenue au Café du Monde

Même si t'es pas riche on s'en fiche
Au-delà des mots on se comprendra
Que tu sois black ou peau rouge ou tête blonde
Bienvenue au Café du Monde

Même si t'es pas riche on s'en fiche
Même si t'es pas là on jouera pour toi
Et si un soir tu as l'âme qui vagabonde
Souviens-toi du Café du Monde

Même si t'es pas riche on s'en fiche
On s'ra toi et moi ça ira
On s'ra toujours sur la bonne longueur d'ondes
Tous les deux au Café du Monde

Ce qui compte le plus

Compréhension écrite • Expression orale

Observez le graphique et comparez les réponses données en 1978, 1987 et en 2002. Les jeunes de 13 à 17 ans donneraient-ils les mêmes réponses dans votre pays ? Expliquez pourquoi.

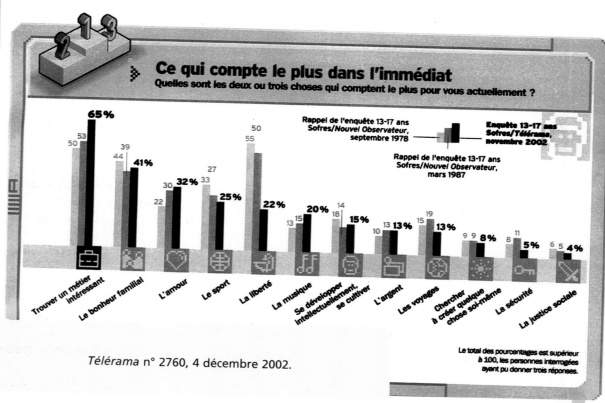

Ce qui compte le plus dans l'immédiat
Quelles sont les deux ou trois choses qui comptent le plus pour vous actuellement ?

Rappel de l'enquête 13-17 ans Sofres/Nouvel Observateur, septembre 1978

Rappel de l'enquête 13-17 ans Sofres/Nouvel Observateur, mars 1987

Enquête 13-17 ans Sofres/Télérama, novembre 2002

Le total des pourcentages est supérieur à 100, les personnes interrogées ayant pu donner trois réponses.

Télérama n° 2760, 4 décembre 2002.

Les langues parlées en France

Compréhension écrite

À partir des informations et d'une carte de France, devinez de quelle langue il s'agit.

1. Seule langue celtique, elle est parlée à l'ouest de la France par environ 240 000 personnes (20 % de la population bretonnante, la plupart âgées).

2. Cette langue appartient au groupe italo-roman, elle est parlée dans une île.

3. Langue jumelle de l'occitan, cette langue est parlée par 6 millions de personnes au sud des Pyrénées et 100 000 personnes dans le Roussillon. Elle est langue co-officielle en Catalogne espagnole.

4. Langue germanique, elle est parlée dans l'est de la France, elle est proche de dialectes suisses.

5. Cette langue s'est développée à partir du latin dans la moitié sud de la France. Le nombre de personnes qui la parlent est évalué à 2 millions.

6. Cette langue comporte plusieurs variétés ; elle est liée à l'immigration. On estime que 2 à 3 millions de personnes la parlent en France.

a) alsacien

b) corse

c) occitan

d) catalan

e) arabe maghrébin

f) breton

Le système scolaire

Compréhension écrite • Expression orale

Quelles sont les différences entre le système français et celui de votre pays ?

	11 ans	12 ans	13 ans	14 ans
1er cycle collège	6e générale	5e générale	4e générale 4e aménagée 4e technologique	3e générale 3e d'insertion 3e technologique
	↓	↓	↓	↓
	une seconde langue vivante	possibilité de commencer le latin	année d'orientation vers des filières	possibilité de commencer le grec ancien

Diplôme national du Brevet

	15 ans	16 ans	17 ans
2nd cycle lycée	2de générale 2de technologique 2de professionnelle	1re générale 1re technologique 1re professionnelle	terminale générale terminale technologique terminale professionnelle
	↓	↓	↓
	C'est en fin de seconde que l'élève choisit la série du baccalauréat qu'il préparera.	16 ans : fin de la scolarité obligatoire	On commence l'étude de la philosophie (terminale générale).

Diplôme national du baccalauréat

Baccalauréat général :
– bac S : scientifique
– bac L : littéraire
– bac ES : économique et social

Baccalauréat technologique :
– 8 spécialités dans le domaine des sciences et techniques

Baccalauréat professionnel :
près de 50 spécialités

1er DEGRÉ

SECOND DEGRÉ

Le calendrier scolaire

Lisez le calendrier des vacances scolaires des élèves (et des professeurs !) français. Recherchez le calendrier scolaire dans votre pays. Comparez les deux en répondant aux questions.

Rentrée scolaire des enseignants	Rentrée scolaire des élèves	Toussaint	Noël	Hiver	Printemps	Début des vacances d'été
1ᵉʳ septembre	2 septembre	du 23 octobre au 4 novembre	du 18 décembre au 3 janvier	du 19 février au 7 mars	du 23 avril au 19 mai	à partir du 2 juillet

1. Quelle est la durée des vacances d'été en France ? dans votre pays ?
2. Combien avez-vous de périodes de vacances ?
3. Est-ce que certaines périodes de vacances correspondent à des fêtes religieuses, comme la Toussaint, Noël, Pâques ?
4. Dans votre pays, quels jours sont fériés ? Savez-vous pourquoi ?

Choisir un métier

Travaillez par deux pour préparer une simulation à l'aide de la liste d'activités et de la liste de métiers : un élève qui veut obtenir des conseils pour s'orienter et un responsable de l'ONISEP (organisme national dont la fonction est d'aider les jeunes à s'orienter dans leur formation et leur choix professionnel).

Pour plus d'informations, consultez le site ONISEP : http://www.onisep.fr

ACTIVITÉS

- M'occuper d'enfants.
- M'occuper de voyages et de loisirs.
- M'occuper de handicapés.
- Organiser, gérer, diriger.
- Pratiquer les langues vivantes.
- Soigner.
- Surveiller, défendre, secourir.
- Travailler à l'étranger.
- Travailler à mon compte.
- Travailler dehors.
- Travailler dans un bureau.
- Travailler de façon indépendante.
- Travailler en contact avec la nature et les animaux.
- Travailler en laboratoire.
- Manier les chiffres.
- Me déplacer souvent.
- Travailler un matériau.

MÉTIERS

- caissier(ière)
- comptable
- directeur(trice) de restaurant
- responsable de promotion des ventes
- attaché(e) de presse
- guide interprète
- éducateur(trice)
- instituteur(trice)
- infirmier(ière)
- géomètre
- pompier
- vétérinaire
- avocat(e)
- maître nageur
- hôtesse de l'air (steward)
- traducteur(trice)

séquence 7

Argumenter

COMMUNICATION
- Repérer des arguments
- Approuver, réfuter, nuancer un argument
- Illustrer un argument

GRAMMAIRE
- Construction des verbes d'opinion
- Adverbes
- Syntaxe des verbes

CULTURE : Le temps de travail, le stage professionnel

Cours particuliers

Compréhension écrite • Compréhension orale

Lisez la petite annonce. Écoutez les enregistrements. Remplissez le tableau et choisissez la personne qui convient le mieux à l'emploi proposé.

EMPLOI
FORMATEUR EN SCIENCES

Nous recherchons des formateurs spécialisés en sciences pour donner à domicile des cours particuliers de maths et physique à des élèves de la seconde à la terminale.

- Disponibilités horaires : de 14 h à 17 h tous les jours, à partir du 30 septembre.
- Profil : expérience souhaitée : bac + 3 minimum.
- Lieu : Paris et région parisienne.
- Matériel : connexion Internet indispensable pour suivi pédagogique.
- Période : d'octobre à fin juin.
- Rémunération nette : 14 euros/heure.

	Odile			Robert			Maud			Pascal		
	OUI	NON	?	OUI	NON	?	OUI	NON	?	OUI	NON	?
Diplôme	❑	❑	❑	❑	❑	❑	❑	❑	❑	❑	❑	❑
Expérience d'enseignement	❑	❑	❑	❑	❑	❑	❑	❑	❑	❑	❑	❑
Lieu	❑	❑	❑	❑	❑	❑	❑	❑	❑	❑	❑	❑
Disponibilité horaire	❑	❑	❑	❑	❑	❑	❑	❑	❑	❑	❑	❑
Matériel	❑	❑	❑	❑	❑	❑	❑	❑	❑	❑	❑	❑

● Les 35 heures

Ces opinions sont-elles positives, négatives ou nuancées ? Repérez les arguments utilisés.

« Le 19 octobre 1999, l'Assemblée nationale vote les 35 heures ;
la durée du travail hebdomadaire passe alors de 39 à 35 heures. »

1. Ce passage aux 35 heures, ça a changé ma vie. Je suis beaucoup plus disponible pour ma famille. Je reviens plus tôt le soir chez moi et je m'occupe des enfants. Je peux aussi préparer le dîner quand ma femme qui ne bénéficie pas des 35 heures dans son entreprise revient plus tard.

2. Quand mon entreprise est passée aux 35 heures, le patron a embauché deux personnes. Résultat : deux chômeurs en moins et de meilleures conditions de travail pour nous.

3. Si les embauches avaient suivi, j'aurais été le premier à défendre la RTT, mais dans mon entreprise, la politique, c'est plutôt la réduction de personnel, ce qui fait qu'on a plus de travail, alors on reste plus tard le soir.

4. Le passage aux 35 heures a obligé les entreprises à se réorganiser. On s'est alors aperçu du temps perdu à cause d'une mauvaise répartition des tâches. Du coup, on a pu faire en 35 heures ce qu'on faisait en 39 heures.

5. J'ai négocié avec la direction ma présence au bureau les lundis. Ce qui fait que je peux parfois partir à la campagne le vendredi en fin d'après-midi et revenir le mardi matin, ça m'évite les embouteillages du dimanche soir, c'est génial.

6. Les 35 heures, c'est bien si on a un bon salaire. Moi, ce qui m'intéresse, ce n'est pas tellement de travailler moins mais de gagner plus. Que voulez-vous que je fasse de mon temps de loisirs si je n'ai pas assez d'argent pour en profiter ?

	Opinion positive	Opinion négative	Opinion nuancée	Arguments utilisés
1.	❏	❏	❏	....
2.	❏	❏	❏	....
3.	❏	❏	❏	....
4.	❏	❏	❏	....
5.	❏	❏	❏	....
6.	❏	❏	❏	....

● Tu es sûr ?

Écoutez les enregistrements et dites, pour chaque extrait, quelle expression (avec le même sens) la personne pourrait utiliser.

	1.	2.	3.	4.	5.	6.	7.	8.
Je suis absolument sûr(e).	❏	❏	❏	❏	❏	❏	❏	❏
Je suis sûr(e).	❏	❏	❏	❏	❏	❏	❏	❏
Je suis presque sûr(e).	❏	❏	❏	❏	❏	❏	❏	❏
Je me demande si.	☒	❏	❏	❏	❏	❏	❏	❏
Je ne suis pas sûr(e).	❏	❏	❏	❏	❏	❏	❏	❏
Je ne suis pas sûr(e) du tout.	❏	❏	❏	❏	❏	❏	❏	❏

grammairecommunicationgrammairecommunication

🌀 LA CONSTRUCTION DES VERBES D'OPINION

• **Je suis certain(e) ou Je suis sûr(e) ou Je suis persuadé(e)** *que / de* :

Je suis certain(e) / sûr(e) / persuadé(e) d'avoir posé mes clés sur le bureau et pourtant elles n'y sont plus.

Je suis certain(e) / sûr(e) que j'ai posé mes clés sur le bureau et pourtant elles n'y sont plus.

• **Je crois** *que* **ou Je pense** *que* :

Je crois que tu te trompes.

• **Je me demande** *si* :

Je me demande si j'ai bien fait de quitter ce travail, il était bien payé.

• **Il me semble** *que* :

Il me semble que tu devrais accepter cette proposition, elle est très honnête.

• **On dirait bien** *que* :

On dirait bien que tu t'es trompé, le résultat est complètement faux.

Pour donner plus de force à ce que l'on dit : un adverbe

*Je suis **absolument / totalement / complètement** sûr(e) de ce que je dis.*

● Avenir

Expression orale

Reformulez les affirmations en exprimant un degré de certitude.

DANS 100 ANS...

1. Il n'y aura plus de poissons dans les rivières.
2. Des hommes vivront sur la lune.
3. On aura des automobiles non polluantes.
4. Il n'y aura plus de problème de famine dans le monde.
5. La durée moyenne de vie sera de 150 ans.
6. Tout le monde parlera l'espéranto.
7. Les glaciers auront disparu.
8. Il n'y aura plus d'hommes politiques.

Exercice   Adverbes

Complétez avec *sans doute, par hasard, peut-être, sûrement, absolument, certainement.*

1. Comme personne n'a été satisfait par cet accord, pour moi, il n'y a .... aucun doute, il faudra tout recommencer à l'automne.

2. Vous vous êtes trompé dans l'addition, mais c'est .... moi qui compte mal.

3. Je suis .... sûr que c'est monsieur Lenoir qui est à la table des conférenciers, là, à côté de la présidente.

4. Je ne comprends pas comment il a pu être augmenté, étant donné son manque de professionnalisme et de ponctualité. Il doit .... connaître le patron.

5. S'il n'est pas encore là, c'est qu'il a .... eu un empêchement de dernière heure, c'est quelqu'un de sérieux qui est toujours ponctuel.

6. Il n'aurait pas des problèmes d'audition, ... ? Il n'a rien entendu.

7. Il n'est .... pour rien dans cette histoire, il a simplement suivi les ordres qu'on lui a donnés.

8. Moi, si tu veux mon avis, tel que je le connais, il a .... fait la fête hier et n'a pas pu se réveiller ce matin.

• Livre ou ordi ?

Compréhension écrite • Expression écrite

Lisez le texte puis écrivez à la rédaction du magazine pour donner votre avis en renforçant les arguments de Thomas ou en les réfutant.

« Jouer et apprendre »

J'ai eu un ordinateur très tôt : mes parents sont dans l'informatique. À trois ans, je jouais déjà et ma jeune sœur aussi. Je continue, j'aime les jeux d'aventures. Jouer, ça occupe quand on s'embête, ça fait réfléchir bien plus que la télé. Mes copains aussi aiment jouer, on fait des concours ensemble. Quand je rentre après le collège, bien sûr, je fais d'abord mes devoirs, et comme ça, ma mère ne dit rien.

Je joue beaucoup avec mon père et je consulte parfois des sites sur Internet. Ma mère, elle n'aime pas trop les jeux et les sites Internet. Elle trouve que ça coûte trop cher. Moi, je préfère les cédéroms aux livres, parce qu'il y a plus d'informations, plus précises. Par exemple, je m'intéresse actuellement à Toutankhamon. Dans un cédérom que j'ai, j'ai trouvé pas mal d'infos sur la découverte de sa tombe, sur sa vie, les coutumes à son époque. Dans un livre, il n'y a pas beaucoup d'images.

Et les cédéroms, je m'en sers aussi pour faire des exposés. On trouve un tas d'informations au même endroit. On n'est jamais sûr de trouver dans un livre tout ce qu'on veut et, en plus, dans notre centre de documentation au collège, on ne peut pas rester très longtemps. Mais, je ne recopie pas, le professeur le verrait tout de suite. Certains profs nous encouragent à utiliser l'ordinateur, d'autres pas.

Thomas, 12 ans,
Ados Plus, n °443.

grammairecommunicationgrammairecommunication

✎ APPROUVER, NUANCER OU RÉFUTER UN ARGUMENT

APPROUVER
• *Effectivement,*
• *En effet,*
• *Comme tu dis / Comme vous dites / Comme tu as dis / Comme vous avez dit*
• *Je suis entièrement d'accord avec ce que tu viens / vous venez de dire.*
• *Tu as / Vous avez (eu) tout à fait raison de dire que / d'avoir dit que...*
• *Tu as / Vous avez bien fait (de dire que)...*
• *J'approuve totalement ce que tu as / vous avez dit.*
• *J'aurais dit exactement la même chose que toi / vous.*
• *J'aurais réagi de la même façon que toi / vous.*

NUANCER
• *On pourrait peut-être dire autre chose / dire les choses d'une façon différente.*
• *On ne peut pas réellement dire que...*
• *À ta place, je dirais plutôt que...*
• *Il me semble qu'on pourrait nuancer ce que tu viens de dire.*
• *Oui, mais on pourrait dire aussi que...*
• *Tu as peut-être raison sur ce point mais en revanche...*

RÉFUTER
• *Je ne suis absolument pas d'accord avec ce que tu viens / vous venez de dire.*
• *Tu as / Vous avez (eu) tout à fait tort de dire que / d'avoir dit que...*
• *On ne peut absolument pas dire que...*
• *Je ne peux pas vous laisser dire que...*
• *Excusez-moi, mais ce que vous dites est totalement stupide...*
• *Votre argument ne tient pas debout.*

• L'espace privé dans les bureaux

Expression orale

Regardez les photos et comparez les avantages et les inconvénients de ces deux types d'organisation du travail.

• Travail en équipe ou individuel ?

Compréhension orale

Écoutez les arguments des personnes interrogées et indiquez le numéro de l'enregistrement qui correspond à chaque type d'argumentation.

	Enr.		Enr.
Elle donne des chiffres comme preuve de ce qu'elle dit.	....	Elle se réfère à son expérience personnelle.	....
Elle donne un exemple.	....	Elle fait une comparaison.	....
		Elle se réfère à la science.	....

grammairecommunicationgrammairecommunication

🐌 ILLUSTRER UN ARGUMENT

Pour donner plus de force à un argument, vous pouvez :

• **donner un exemple :**
  Regarde, mon père, par exemple, lui, il réfléchit toujours avant de parler.

• **vous référer au sens commun :**
  Tout le monde dit que...

• **vous référer à votre expérience personnelle :**
  D'ailleurs, moi,...

• **illustrer par une anecdote ou une petite histoire :**
  Ça me fait penser à ce qui est arrivé à Michèle, tu sais,...

• **faire une comparaison :**
  C'est comme ce qui se passe aux États-Unis, tu sais,...

• **vous référer à la science, aux scientifiques :**
  Selon l'article de Sciences et Vie, on peut dire que...

• **vous référer à une personnalité connue :**
  Le président dit toujours que...

• **donner des chiffres, des pourcentages :**
  Dans le dernier sondage, 99 % des personnes interrogées sont pour.

• **expliquer les conséquences possibles :**
  Si tu as raison, cela signifie que la culture du blé va complètement disparaître.

On peut **également cumuler les illustrations :**
  Moi, je peux vous en parler, je l'ai fait, et ce que tout le monde dit, c'est que 50 % des personnes dans mon cas sont d'accord avec la nouvelle loi.

• Rubriques

LE SAVOIR-VIVRE

Choisissez l'affirmation convenable et justifiez votre réponse.

	OUI	NON
1. On écrit l'adresse sur une enveloppe de cette manière : *Monsieur et Madame Philippe Duval.*	❏	❏
2. On peut utiliser des expressions très familières dans des conversations professionnelles.	❏	❏
3. Vous écrivez à une administration, votre lettre commence par : *Cher Monsieur.*	❏	❏
4. À quelqu'un qui vous remercie, vous répondez : *Je vous en prie.*	❏	❏
5. Vous saluez votre voisine de palier en lui disant : *Bonjour, madame Lenoir.*	❏	❏
6. Vous terminez votre lettre au directeur en le priant d'agréer l'assurance de votre considération.	❏	❏
7. On peut garder les mains dans les poches pendant une conversation professionnelle avec son directeur.	❏	❏
8. Une femme doit se lever quand on lui présente quelqu'un.	❏	❏
9. Dans un restaurant de luxe, on donne à la femme une carte sans les prix.	❏	❏
10. Dans un lieu public, un homme ouvre la porte et s'efface pour laisser la femme entrer.	❏	❏

EXPRESSIONS IDIOMATIQUES

Écoutez les enregistrements et trouvez le sens des expressions de la colonne de gauche.

1. Prendre ses jambes à son cou.

2. Mettre les points sur les « i ».

3. Avoir un poil dans la main.

4. Dire ses quatre vérités à quelqu'un.

5. Se faire remonter les bretelles.

6. Jouer cartes sur table.

a) Être paresseux.

b) Ne rien cacher dans une discussion.

c) Parler très franchement.

d) S'enfuir.

e) Se faire réprimander.

f) Parler de façon directe pour éclaircir une situation.

MIGNONNE, ALLONS VOIR SI LA ROSE...

Lisez le texte et dites si les affirmations suivantes ont été données ou non par l'auteur.

Qui a inventé le point-virgule ? Je ne sais pas. À quoi sert-il ? À rien. À embêter le monde. À rassurer les écrivains timides. À masquer le flou de la pensée derrière le flou de la syntaxe... Bref, à rien de bon.

La preuve : on peut toujours le remplacer par un point. Essayez, vous verrez. Chaque fois que, dans vos lectures, vous trouvez un point-virgule, mettez un point à la place, et aussi, par voie de conséquence, une belle majuscule au premier mot qui suit. Miracle ! Soudain tout sonne tellement plus clair, plus net, plus décidé !... Mais, objecte le scripteur, c'est justement le flou que je voulais rendre, l'incertain, l'hésitant... Très bien : les trois points alignés sont là pour ça, les si bien nommés « points de suspension », tellement éloquents dans l'art d'exprimer l'inexprimable !

[...]

Qu'y a-t-il donc, après un point-virgule ? Quelle est cette chose qui commence là ? Une phrase ? Mais non ! Une phrase débute par une majuscule.

[...]

Guerre au point-virgule, ce parasite, ce timoré, cet affadisseur qui ne marque que l'incertitude, le manque d'audace, le flou de la pensée, et colle aux dents du lecteur comme un caramel trop mou !

Et ne venez pas me dire que Balzac faisait grand usage du point-virgule ! À quels sommets n'eût pas accédé Balzac s'il s'était corrigé de ce vilain défaut !

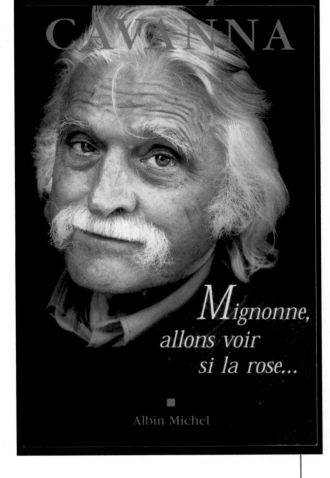

CAVANNA

Mignonne, allons voir si la rose...

Albin Michel

Mignonne, allons voir si la rose..., François Cavanna, Albin Michel, 2001.

	OUI	NON
1. Balzac a inventé le point-virgule.	❑	❑
2. Le point-virgule donne plus de force à la pensée de l'auteur.	❑	❑
3. Le point est bien plus utile que le point-virgule.	❑	❑
4. Dans une phrase, le point fait des miracles !	❑	❑
5. Les points de suspension expriment le flou de la pensée.	❑	❑
6. Après un point, on trouve toujours une majuscule.	❑	❑
7. L'auteur adore le point-virgule.	❑	❑
8. Honoré de Balzac utilisait beaucoup le point-virgule.	❑	❑

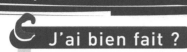

J'ai bien fait ?

Compréhension écrite • Expression orale

Jeu de rôle. Prenez connaissance des situations suivantes. Choisissez-en une et prolongez la conversation.

1. Sylvie m'a demandé une augmentation de salaire. J'ai refusé en lui faisant remarquer qu'elle ne travaillait dans l'entreprise que depuis six mois. J'ai bien fait ?

2. Je pense qu'il est important que les salariés participent aux bénéfices. Ils accorderont ainsi d'autant plus d'importance à la bonne marche de l'entreprise. Tu es d'accord avec moi ?

3. Je vais aller voir le Directeur des Ressources humaines pour lui annoncer que j'ai réussi mon concours. Je vais lui demander une promotion, qu'est-ce que tu en penses ?

4. Pendant la réunion sur les salaires, j'ai dit que les employés étaient d'accord pour qu'il n'y ait pas d'augmentation pendant un an à condition que l'entreprise recrute. Cela profitera à tout le monde : à l'entreprise, qui aura un employé de plus, à la société qui n'aura pas à payer un chômeur et à la personne qui va être recrutée. C'est ce qu'il fallait dire ?

5. Tout le personnel s'est mis en grève à cause de la démission du chef cuisinier. Je leur ai dit que s'ils reprenaient le travail demain, je ne prendrais pas de sanction. Qu'est-ce que vous auriez fait à ma place ?

Exercice   Mais bien sûr...

Reliez les phrases qui ont la même signification.

1. Effectivement, c'est bien ce que j'avais compris, je ne me suis donc pas trompé.

2. À ta place, j'aurais dit exactement la même chose que toi.

3. Vous avez bien fait de lui dire qu'elle exagère ! C'est la troisième fois cette semaine qu'elle arrive en retard !

4. Quand vous m'avez dit qu'on pouvait lui faire confiance, je ne vous ai pas cru et pourtant vous aviez raison...

5. Comme tu l'as si bien dit à Loana, elle a encore beaucoup de progrès à faire...

a) J'aurais réagi de la même façon que toi à son propos, elle doit vraiment faire ses preuves.

b) J'approuve totalement ce que vous lui avez dit, ses retards sont vraiment inadmissibles.

c) Vous avez eu tout à fait raison de dire qu'on pouvait compter sur lui, je réalise maintenant que c'est vraiment quelqu'un de bien.

d) En effet, c'est bien ce qu'il me semblait, j'avais donc raison.

e) Je suis entièrement d'accord avec ce que tu viens de dire, je n'aurais pas dit autre chose.

Je suis pour ! Je suis contre !

Compréhension écrite • Expression orale

Lisez les propositions, puis, pour chacune, trouvez deux arguments. Le premier pour défendre la position prise et le deuxième, pour la réfuter.

1. Dans la vie, le plus important, c'est d'avoir un bon métier.

2. On doit toujours tenir compte de l'avis professionnel des plus anciens.

3. L'essentiel, c'est de participer, peu importe si on gagne ou si on perd.

4. Il est impératif de se mettre au courant des nouvelles technologies.

5. Avec de bonnes études on a toujours un bon métier.

6. Il vaut mieux commencer à travailler très jeune, comme ça, on part plus tôt à la retraite.

7. Si on a un bon salaire, peu importe si on aime son métier.

8. La seule chose qui compte, c'est d'aimer son métier, le reste n'a pas d'importance.

Exercice   Syntaxe des verbes

Ajoutez, si c'est nécessaire, après le verbe : à, *de, par, pour, comme, contre*.

1. Je m'intéresse beaucoup .... l'astronomie.

2. J'ai horreur qu'on me prenne .... un imbécile !

3. Nos projets de vacances dépendront .... nos possibilités financières.

4. On considère généralement Victor Hugo .... un des plus grands écrivains français.

5. François ne peut pas s'habituer .... la vie en ville : il a passé toute sa jeunesse à la campagne.

6. Croyez-moi, le patron est très intéressé .... votre projet.

7. Jean-Jacques se met tout de suite en colère si on s'oppose .... lui.

8. Les manifestants protestent .... l'allongement de la durée du travail.

Choisir son stage

Donnez les trois arguments les plus importants pour vous puis expliquez pourquoi vous avez choisi ce classement.

COMMENT CHOISIR SON STAGE PROFESSIONNEL ?
Dix arguments de poids

1. Aide personnalisée

Une équipe pédagogique vous prend en charge dès le premier jour du stage. On vous proposera des méthodes de travail qui vous permettront de devenir autonome par la suite.

2. Matériel

Du matériel informatique de pointe est à la disposition des stagiaires sur présentation de leur carte.

3. Culture

Du théâtre, des expositions et des concerts sont régulièrement organisés par le département de la communication de l'entreprise.

4. Nature

L'entreprise offre toutes les possibilités de se détendre. Il est possible de louer toute l'année des vélos pour des randonnées.

5. International

Dans notre entreprise, un stagiaire sur quatre a la possibilité de partir dans une de nos filiales à l'étranger dans le cadre de projets européens ou internationaux.

6. Vie associative

Des associations d'entraide et d'accueil, des lieux de rencontre, une association d'anciens stagiaires, très active dans tous les domaines, vous aideront à faire des rencontres et à créer des amitiés durables.

7. À la pointe

Les technologies de pointe sont maîtrisées par notre équipe de professionnels qui fait partie d'un pôle de recherche reconnu à l'échelle internationale.

8. Ouverture

Des stagiaires de 120 nationalités différentes suivent nos stages chaque année.

**9. Centre de recherche
et de documentation câblé**

Un réseau super-équipé, le monde au bout des doigts dans un centre de documentation inégalé.

10. Proximité

Les locaux de formation sont répartis dans la ville avec un accès facile par le bus, le tramway ou le train pour ceux qui habitent en périphérie.

séquence 8

Pratique des discours

COMMUNICATION
• Comprendre des accents
• Comprendre un texte de façon fine
• Structurer un texte

GRAMMAIRE
• Reprises
• Connecteurs dans un texte
• Valeurs du conditionnel

CULTURE : La francophonie
Littérature : Georges Simenon

• Francophones : ils aiment leur travail !

Compréhension orale • Expression orale

Écoutez chacune des interviews et complétez le tableau. Puis présentez-vous sur le modèle des interviews en précisant ce que vous faites.

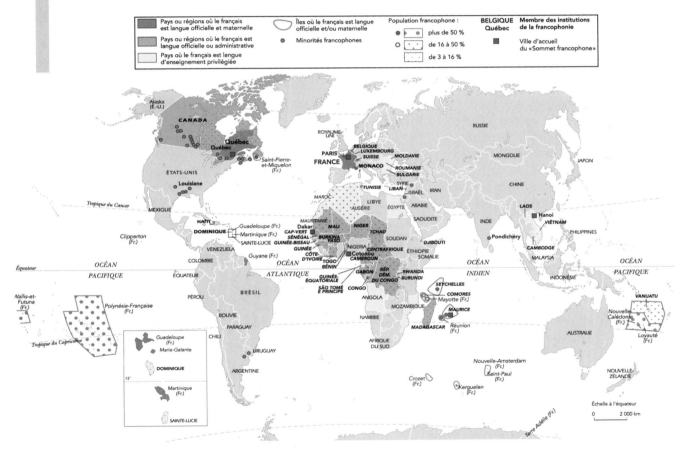

	Origine	Lieu d'habitation	Profession	Raisons du choix de la profession	Définition de la francophonie
Serge	....	....	....	....	....
Alain	....	....	....	....	....
Jean-Pierre	....	....	....	....	....

L'euro

Lisez le texte ci-dessous et répondez aux questions.

Une année d'euros et alors ?

Un an après le passage réussi à l'euro la référence au franc reste toujours présente dans la tête de nombreux Français.

Début janvier 2002, la mise en circulation de deux milliards de billets et de sept milliards de pièces en euro s'est faite sans incident majeur. Mais un an après son lancement les quelques 300 millions d'Européens concernés ont encore du mal à changer leurs habitudes. En France, deux sondages réalisés au mois de décembre, l'un par l'Observatoire Thalys International et l'autre par le CSA[1] révèlent que près de la moitié de nos compatriotes souhaitent la résurrection du franc. Nostalgie ? Difficulté de se faire à la table de multiplication par 6,5 ? Ou conséquence normale d'une adaptation en marche ?

Un attachement durable au franc

Après l'engouement des premiers jours lié à la nouveauté et à l'aspect ludique des nouvelles pièces, les Français boudent l'euro. Les enquêtes sont formelles : 80 % de nos concitoyens continuent à lire le prix en francs sur les étiquettes où figure toujours le double affichage (même si certaines enseignes commerciales commencent à le supprimer). Au point que l'on s'interroge sur les conséquences du double affichage. Cette pratique ne retarderait-elle pas la conversion de la population à l'euro en brouillant les esprits ?

L'inflation[2] en question

Même si, statistiquement, l'effet inflationniste de l'euro n'est pas démontré, il n'en reste pas moins solidement ancré dans l'esprit des consommateurs ; d'ailleurs, qui peut nier l'augmentation des prix de l'alimentation ou de certains services ? Un peu embarrassées, les autorités européennes concèdent[3] à ce propos que le passage à l'euro a pu jouer un rôle dans la hausse des prix constatée dans les pays de l'Union.

Un vocabulaire fleuri

Depuis que l'euro fait partie de nos vies, les euromots fleurissent un peu plus chaque jour. Plus un article sans eurosceptiques, ou euroconvaincus, plus un texte économique sans euroland... C'est dire si la langue française s'est bien adaptée à l'euro-événement... L'euro comme l'Europe ne s'est pas fait en un jour... Nul doute que cette nouvelle monnaie finira par rentrer dans nos têtes, comme les nouveaux francs en 1960 !

---

1. Comité de surveillance de l'audiovisuel.
2. Tendance à l'augmentation des prix.
3. Reconnaissent.

	VRAI	FAUX
1. Le passage des différentes monnaies européennes à l'euro s'est globalement bien passé.	❑	❑
2. Les Européens se sont très facilement habitués à leur nouvelle monnaie.	❑	❑
3. Les Français regrettent leur franc.	❑	❑
4. Un euro vaut environ 6,5 francs.	❑	❑
5. Les Français ont immédiatement rejeté la nouvelle monnaie.	❑	❑
6. Certains commerçants prévoient de toujours maintenir le double affichage des prix en euros et en francs.	❑	❑
7. Il est prouvé que le passage à l'euro a entraîné une augmentation générale des prix.	❑	❑
8. Autre effet : le passage à l'euro a des conséquences linguistiques.	❑	❑

LA COMPRÉHENSION FINE D'UN TEXTE

Un texte ne dit pas tout. Pour comprendre n'importe quel texte, il faut interpréter, faire des rapprochements avec ce qui précède, comprendre des synonymes, anticiper le sens de ce qui suit : c'est ce qu'on appelle « lire entre les lignes ».

Après avoir fait l'activité de la page 90, relisez le texte en utilisant le tableau ci-dessous.

Ce que disent les mots du texte...	Ce que le lecteur doit comprendre
« sans incident majeur »	→ Tout s'est globalement bien passé.
« Mais... »	→ Opposition à l'idée précédente.
« nos compatriotes » « la résurrection du franc » « (...) souhaitent la résurrection du franc. » Intertitre : « Un attachement durable au franc »	→ Les Français. → Le retour à l'usage du franc. → Idée de regret de la situation antérieure. → Rejet de l'euro.
« se faire à... ... la table de multiplication par 6,5 ? »	→ S'habituer à. → Le taux est de 1 euro pour 6,50 francs (environ).
« Après l'engouement des premiers jours (...) la nouveauté (...) l'aspect ludique. » « boudent »	→ Signifie deux étapes : d'abord l'acceptation (l'idée de plaisir), → Ensuite, les Français rejettent la nouvelle monnaie.
« (...) 80 % de nos concitoyens continuent à lire le prix en francs. » « les enseignes commerciales » « le double affichage » « (...) certaines enseignes (...) commencent à le supprimer (= le double affichage). »	→ Les Français comptent difficilement en euros. → Les magasins, les marques. → L'affichage des prix en euros et en francs. → Le double affichage ne durera pas toujours.
« (...) l'effet inflationniste de l'euro n'est pas démontré. »	→ On n'est pas sûr que le passage à l'euro a provoqué une augmentation des prix (= cela n'est pas prouvé).
« (...) qui peut nier l'augmentation des prix de l'alimentation ou de certains services ? »	→ Fausse question : réponse « personne » (= tout le monde s'accorde à constater l'augmentation des prix de l'alimentation et des services).
« (...) les autorités européennes (...) dans [toute] l'Union. »	→ Cette augmentation des prix de l'alimentation et des services concerne toute l'Europe.
Intertitre : « Un vocabulaire fleuri » « les euromots fleurissent »	→ Les mots formés avec « euro » se multiplient, apparaissent en nombre.

• Les dangers du téléphone portable

Reconstituez le texte à partir des extraits.

TÉLÉPHONES PORTABLES : PRUDENCE !

A. D'abord, on peut craindre que les stations de base, c'est-à-dire les antennes qui permettent le fonctionnement des réseaux de téléphonie, émettent des ondes dangereuses pour la santé.

B. Il y a également des dangers moins visibles, en tout cas plus difficiles à analyser, qui touchent au comportement des usagers et à l'abus du téléphone portable dans toutes les situations de la vie quotidienne et sociale.

C. Le téléphone portable fait désormais partie de notre univers quotidien ; ces appareils sont maintenant plus nombreux que les téléphones fixes, 64 % des Français en possèdent un.

D. Si les experts affirment que ces installations ne peuvent présenter aucun risque, on a pourtant assisté récemment au démontage d'une antenne placée sur le toit d'une école, à la demande des parents et des enseignants de cet établissement.

E. Autre danger : il semblerait que l'usage du téléphone portable puisse provoquer des cancers dans les organes exposés aux fréquences radios de ces appareils. Une étude réalisée par le Centre International de Recherches sur le Cancer pour l'OMS (Organisation mondiale de la santé) est en cours mais les résultats ne seront pas connus avant deux ans.

F. Ils offrent des fonctions de plus en plus diversifiées : ce sont non seulement des téléphones, mais aussi des radios, des appareils photos...

G. On peut donc parler des conséquences négatives du portable sur nos relations avec les autres, on pourrait dire que trop de communication tue la communication.

L. B.

H. Cependant leur usage est sujet de polémique : plusieurs magazines cette semaine attirent notre attention sur les risques que les portables représenteraient pour notre santé mais aussi pour l'équilibre de notre vie sociale.

I. Il vous est sans doute arrivé de voir dans un restaurant deux personnes déjeuner ensemble et passer le temps du repas suspendus à leurs téléphones portables ; vous avez sans doute déjà été agacé par un ami qui n'arrêtait pas de téléphoner, ce qui vous empêchait de conduire avec lui une conversation suivie.

1.	2.	3.	4.	5.	6.	7.	8.	9.
C	....	....	....	....	....	....	....	....

grammairecommunicationgrammairecommunication

🐌 LES REPRISES
STRUCTURER UN TEXTE / REPRENDRE UN MOT

Il existe plusieurs moyens pour reprendre des mots dans un texte.

1. On peut utiliser des pronoms comme *il(s), elle(s)* :

*Le président de la République est en voyage à Nancy. **Il** a fait une déclaration...*
*Les téléphones portables sont très nombreux. **Ils** ont des fonctions diversifiées.*

2. On peut reprendre le même nom précédé d'un article démonstratif :

*Un homme marchait sur la plage. **Cet** homme portait une veste bleue, trop grande...*

3. On peut utiliser un possessif :

***Leur** usage = l'usage des téléphones portables.*

4. On peut utiliser un nom qui a le même sens (avec un démonstratif ou non) :

*Les antennes sont installées sur des immeubles. **Ces installations** émettent des ondes.*

*Le président de la République est en voyage officiel au Japon. **Le chef de l'État** a rencontré le Premier ministre japonais.*

5. Certains mots ont la caractéristique d'être générique, c'est-à-dire qu'ils reprennent plusieurs mots qui renvoient à un genre :

***Un écrivain** = un poète, un romancier, un auteur de théâtre.*
***Un animal** = un chat, un chien, un cheval...*

Ces mots permettent aussi de reprendre une phrase entière :

*Il y a eu une inversion thermique : **ce phénomène** est bien connu des scientifiques.*
*La sortie de ce film a suscité des réactions très vives. **La polémique** a débuté avec un article de la revue Cinéma.*

Ces mots sont très utiles quand on ne veut pas répéter un mot ou quand on fait un résumé.

Exercice   Reprises

Dans le petit texte qui suit, soulignez les mots qui en reprennent un autre.

Monsieur Duchaussin est maire d'une petite commune ; il s'est présenté l'année dernière aux élections municipales d'un village de l'Est de la France un peu particulier, les Granges. Cette commune compte en effet vingt et un habitants ; plus de la moitié de ces habitants est âgée de moins de seize ans. Les autorités du département voulaient regrouper cette commune avec le village voisin qui abrite deux cents habitants, mais tout le village des Granges s'est mobilisé. Ses habitants souhaitent faire rouvrir l'école ; elle est fermée depuis plus de trente ans. Ils ont manifesté plusieurs fois. La presse a beaucoup parlé de cet événement. Le maire du village espère que cette mobilisation permettra de faire revivre sa petite commune.

D'où vient cette information ?

Compréhension orale

Écoutez les enregistrements et, pour chaque extrait, notez la source de l'information, puis dites si cette information est sûre ou non.

Enr.	Source de l'information	Information sûre	Information non sûre
1.	Le magazine *À vous*	☐	☒
2.	....	☐	☐
3.	....	☐	☐
4.	....	☐	☐

Enr.	Source de l'information	Information sûre	Information non sûre
5.	....	☐	☐
6.	....	☐	☐
7.	....	☐	☐
8.	....	☐	☐

La rumeur et Internet

Compréhension écrite • Expression orale

Lisez ce texte, répondez aux questions et dites ce que vous pensez de ce problème.

Il y a un domaine que la rumeur touche particulièrement : celui de l'information. On peut en effet poser la question : qu'est-ce que la rumeur ? C'est une information amplifiée, modifiée, déformée, voire falsifiée. En fait, on peut distinguer deux sortes de rumeurs : la rumeur qui se veut « rumeur », un bruit qui court et qui ne fait que nous amuser. L'autre rumeur a un caractère plus obscur, ou disons plus dangereux : c'est la rumeur qui se veut information et qui nous fait croire qu'elle est vraie.

1. Les journaux en ligne
Internet pose encore plus de problèmes que les médias traditionnels à cause de la vérification de l'information. Cela est d'autant plus vrai que les journaux deviennent eux-mêmes la cible des lanceurs de rumeur. Ceux-ci savent en effet que, sur le Net, il suffit quasiment de diffuser une information pour qu'un journal la reprenne à son compte. On assiste ainsi à un phénomène étonnant : un très grand nombre de journaux se mettent à citer des rumeurs. Ils prennent bien sûr la précaution de présenter la nouvelle comme étant une rumeur. Dans certains cas, les journaux indiquent même que toutes les informations contenues sur leur site ne sont pas vérifiées... C'est gentil, mais on préférerait qu'elles le soient !

2. Les journaux off-line

On peut aussi s'interroger sur la façon dont les journaux papier traitent le flot d'informations qu'ils reçoivent par Internet. On assiste en effet à un phénomène particulier, à savoir la « démocratisation du communiqué de presse » : le courriel favorise une diffusion la plus large possible d'une information. Actuellement, les journaux sont submergés de courriels qui garantissent un scoop[1].

Ainsi, le cyber-magazine *Slate* décrit bien ce cheminement : *Les policiers de l'éthique[2] ne peuvent pas contrôler les rumeurs que les gens placent sur le web... Si le web le diffuse et que la télévision le répète, le journal est obligé de suivre.*

1. Information sensationnelle. - 2. Les personnes qui surveillent et contrôlent le respect de la morale sur le Net.

1. Il existe deux types de rumeurs, laquelle est la plus dangereuse ?

2. Pourquoi est-ce que les journaux ne peuvent pas vérifier toutes les informations ?

3. Quels sont les dangers de ce fonctionnement des moyens d'information ?

4. Comment les journaux pourraient-ils se protéger contre les rumeurs ?

5. Quels sont les effets négatifs du courrier électronique ?

Le jeu de la rumeur

Compréhension écrite • Expression orale

Comment évolue une information pour devenir une rumeur ? Vous avez un exemple ci-dessous (*press people*), essayez de distinguer l'information et la rumeur. Retrouvez l'évolution de cette rumeur en classant les extraits du plus sûr au moins sûr.

1. Le magazine *Bruits* révèle que le père de Julie, deuxième enfant de Vanessa Dumont ne serait autre que l'acteur Georges Hémon.

2. D'après notre envoyé spécial dans le Sud de la France, l'acteur Georges Hémon et la journaliste Vanessa Dumont passent des vacances en secret à Cannes.
Il semble qu'ils ont choisi une villa isolée au bord de la mer afin d'échapper aux photographes.

3. L'acteur Georges Hémon a été vu sur une plage de Cannes en compagnie de la journaliste Vanessa Dumont et de ses deux enfants Julie (1 an) et Mark (4 ans). L'attachée de presse de Georges Hémon avait indiqué à notre journal qu'il passait des vacances à Hawaï.

4. L'acteur Georges Hémon aurait brutalement quitté son épouse avec qui il passait des vacances à Hawaï pour retrouver la journaliste Vanessa Dumont.

Vous pouvez continuer ou vous amusez à inventer une rumeur à partir d'une information.

Georges Simenon

Si un jour vous rencontrez, sur le quai d'une gare ou dans une librairie, un ouvrage de Georges Simenon, n'hésitez pas, vous pourriez tomber sous le charme.

Pour la plupart des lecteurs, Georges Simenon est le créateur du personnage de Maigret. La silhouette du commissaire est en effet célèbre dans le monde entier grâce au cinéma et à la télévision. Cependant, réduire l'œuvre de Simenon à *Maigret* serait oublier la plus grande partie de sa production, c'est-à-dire les nouvelles et les romans psychologiques.

Qui est le vrai Simenon ? Un romancier dont la vie se confond avec la légende et dont l'œuvre inclassable reste à découvrir : des contes populaires aux derniers romans, des récits où se reflètent les inquiétudes des hommes d'aujourd'hui. Ce fut l'homme aux 400 livres et aux 10 000 femmes.

Personnage excessif, écrivain de génie, père du célèbre Maigret et d'une importante œuvre romanesque, Simenon restera l'un des romanciers majeurs du XXe siècle. Georges Simenon est sans doute l'écrivain le plus totalement « citoyen de la francophonie » : né en Wallonie, promenant son Maigret dans les rues de Paris, et, après un détour par les États-Unis, il a installé ses tables de travail en Suisse et épousé une Québécoise. Aux yeux de Simenon, son besoin de découvrir l'homme justifie l'ensemble de ses actes. *Je voulais toujours découvrir autre chose, toujours partir, par curiosité.*

De tous les romanciers de son époque, Simenon est sûrement celui qui a écrit l'œuvre la plus abondante, à la cadence hallucinante d'un roman tous les quatre mois. Cette grande et régulière fécondité n'a toutefois jamais nui à la qualité de l'œuvre. Simenon a un génie de l'intrigue et un sens de la psychologie qui lui ont permis de bâtir un univers qui dépasse le seul genre policier. En bref, il existe un style Simenon.

Compréhension écrite

Simenon adore ses décors. Il y a une poésie profonde dans les plus humbles natures mortes, une poésie flamande de peintre d'intérieur. Il y suffit d'une odeur de café, du reflet d'un cuivre. Un âge d'or est latent dans la réalité. C'est celui que découvrent les enfants. Maigret en garde la nostalgie. Oui, qui croirait que le gros Maigret, blasé sur l'homme, le lourd Maigret du Quai des Orfèvres qui a entendu les plus noires confessions, puisse rêver encore d'un monde qui serait « comme sur les images » ? C'est pourtant tel que le voit Simenon. Et Maigret se demande s'il est le seul à éprouver cette nostalgie ou si d'autres l'ont sans se l'avouer. Tant « il aurait voulu que le monde soit comme on le découvre quand on est petit, c'est-à-dire comme sur les images[1] ».

Alexandre Vialatte, *Chroniques de La Montagne*, « Bouquins », Robert Laffont, 2000.

1. *Maigret et la vieille dame*, Le Livre de Poche.

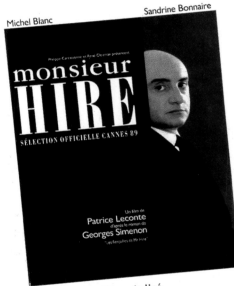

Affiche du film réalisé par Patrice Leconte, 1989.

Il gelait. Sur la route de Fontainebleau, qui traverse Villejuif, les autos roulaient lentement, à cause du verglas, et les radiateurs exhalaient de la vapeur. À cent mètres à gauche, c'était le carrefour, avec son bistro de chaque côté, son agent au milieu, des rues animées de banlieue jusqu'aux portes de Paris, des tramways, des autobus et des voitures. Mais à droite, deux maisons plus loin, tout de suite après le dernier garage, c'était déjà la grand-route, la campagne, des arbres et des champs blancs de gel.

Les Fiançailles de M. Hire,
Georges Simenon,
Fayard, 1933.

Des feuilles mortes voletaient sur le sol. Leur froissement sec indiquait qu'il avait gelé pendant la nuit.

Il y avait d'autres ombres qui convergeaient vers la porte vaguement lumineuse de l'église. Les cloches sonnaient toujours. Quelques lumières aux fenêtres des maisons basses : des gens qui s'habillaient en hâte pour la première messe.

Et Maigret retrouvait les sensations d'autrefois : le froid, les yeux qui picotaient, le bout des doigts gelé, un arrière-goût de café. Puis, en entrant dans l'église, une bouffée de chaleur, de lumière douce ; l'odeur des cierges, de l'encens...

L'Affaire Saint-Fiacre, Georges Simenon,
Fayard, 1932.

Bruno Crémer dans le rôle de Maigret, téléfilm, 1992.

● Compréhension orale

Écoutez l'enregistrement puis dites si les affirmations suivantes sont vraies ou fausses ou si elles ne sont pas présentes dans le document.

	VRAI	FAUX	?
1. Corinne vient de réussir son baccalauréat.	❏	❏	❏
2. Elle a une idée précise de ce qu'elle n'aimerait pas faire plus tard.	❏	❏	❏
3. Elle cherche un métier où on gagne beaucoup d'argent.	❏	❏	❏
4. Elle est tentée par l'enseignement.	❏	❏	❏
5. Elle est tentée par un métier où on est au contact du public.	❏	❏	❏
6. Elle voit beaucoup de films en vidéo.	❏	❏	❏
7. Elle est douée en informatique.	❏	❏	❏
8. Elle est attirée par l'information et la communication.	❏	❏	❏
9. Elle est passionnée par la politique internationale.	❏	❏	❏
10. C'est une grande voyageuse.	❏	❏	❏
11. Elle a un esprit inventif et imaginatif.	❏	❏	❏
12. À la fin de l'entretien, elle ne sait toujours pas ce qu'elle aimerait faire.	❏	❏	❏

● Compréhension écrite

Lisez le document et repérez les raisons pour lesquelles le travail de ces personnes est stressant et les solutions qu'elles ont trouvées pour le supporter.

1. Je suis informaticien et, dans mon métier, il y a toujours beaucoup de pression. Quand un ordinateur tombe en panne, il faut obligatoirement trouver une solution, et toujours très rapidement. Je travaille plus de dix heures par jour. Très souvent, il m'arrive de me réveiller à 3 heures du matin, de me lever et d'aller au bureau... J'y vais au moins une fois par mois le samedi et le dimanche. Ça, c'est quand le patron me demande le vendredi à 16 heures de trouver une solution à une panne informatique pour le lundi. Mais avec l'âge j'ai appris à dire non, alors que lorsque j'étais plus jeune, je n'osais pas refuser quelque chose que mon patron me demandait de faire en dehors des heures légales de travail.

2. Moi, je suis infirmière depuis six ans. Je travaille dans le service des urgences, à l'hôpital. Vous pouvez imaginer mon inquiétude car j'ai toujours peur de commettre une faute professionnelle. C'est devenu assez insupportable, car j'ai l'impression d'être constamment jugée. De plus, en France, on manque d'infirmières, je suis souvent obligée d'accepter de travailler de nuit. Parfois, je suis tellement stressée que je me réveille avec un mal de dos épouvantable. Parfois, j'ai envie de tout laisser tomber, mais je ne le ferai jamais car, malgré tout, j'adore mon boulot. Alors, pour décompresser, je prends régulièrement trois à quatre jours de congés et je vais me calmer à la montagne. Je fais des randonnées pour me changer les idées. Quand je reviens, je suis encore plus fatiguée ! Mais c'est de la bonne fatigue.

3. Je suis vendeur dans un grand magasin. Contrairement à ce que les gens croient, on nous demande de plus en plus de résultats et d'efficacité dans les ventes, l'accueil et les relations avec les clients. Les clients sont de plus en plus impatients et pressés, souvent même grossiers. Surtout en période de fête où on est obligé d'accepter des heures supplémentaires. Je ne sais pas combien de temps je vais tenir, car il n'est pas évident de concilier vie professionnelle et vie familiale. Il m'arrive parfois de rentrer à minuit. Ma compagne me soutient, je lui raconte tout ce qui ne va pas et ça me soulage.

4. Je suis responsable commerciale dans une maison de haute couture importante. Avec la concurrence, je dois toujours conquérir de nouveaux marchés, il n'y a pas trente-six solutions : il faut que j'aille sur place, que je rencontre les gens qui seront peut-être de futurs partenaires qui seront d'accord pour partager les investissements, ce qui me permettra de développer des collections que j'aime. Je voyage très souvent, au moins vingt jours dans le mois et c'est parfois très pénible, surtout quand il faut supporter le décalage horaire. Alors, pour supporter ça, je prends beaucoup de tranquillisants et de médicaments pour dormir.

	Raisons du stress	Solutions trouvées
L'informaticien	....	....
L'infirmière	....	....
Le vendeur de grand magasin	....	....
La responsable commerciale	....	....

● Production orale (en interaction)

Jeu de rôle à deux. Choisissez l'un des domaines professionnels suivants et répartissez-vous les rôles. L'un d'entre vous explique l'intérêt du domaine (avantages et inconvénients) ou décrit un des métiers qui s'y rapportent, l'autre lui pose des questions.

1. S'occuper de voyages et de loisirs (aider et conseiller les gens dans leurs choix → employé dans une agence de voyages, accompagnateur de groupes de touristes...).
2. Exercer une activité sportive (former les gens à un sport → professeur d'éducation physique, animateur d'un club de sports...).
3. Exercer un métier artistique (enseigner, créer → organisateur de festivals, artiste...).
4. Travailler dans la communication (informer, communiquer → journaliste, animateur radio, attaché de presse...).
5. Travailler dans le commerce (vendre, conseiller → conseiller financier, vendeur...).

● Production écrite

Rédigez une note pour transmettre les informations suivantes à vos collègues (une phrase par information à transmettre).

- Report réunion du 10 novembre.
- Annulation dîner prévu.
- Modification ordre du jour.
- Changement lieu.
- Suppression moyen de transport.
- Envoi nouvelle documentation.

PARCOURS 3

Comme il s'agit, dans ce parcours, du domaine de la vie culturelle et des loisirs, le récit est envisagé sous l'angle de la narration pour le plaisir, en enrichissant le système des temps avec le passé simple et en intégrant les différents plans d'un récit.

L'objectif décrire / expliquer est présenté dans une dimension culturelle plus affirmée avec la présence de textes quotidiens (visites culturelles, promenades touristiques), mais également de textes littéraires.

L'argumentation aboutit à la prise de parole dans des échanges plus larges : discussions, débats.

À travers l'ensemble des activités, ce sont les pratiques culturelles au sens large et celles des Français qui constituent l'arrière-plan socioculturel.

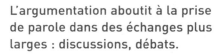

La dernière séquence propose une synthèse des compétences, en particulier à l'écrit, dans des documents qui lui donnent un caractère de magazine.

Le dossier " Littérature " est consacré à Marguerite Duras, auteure qui a affirmé sa présence dans la littérature, le théâtre, le cinéma et la musique.

séquence 9

Raconter

CCOMMUNICATION
- Résumer une histoire
- Situer dans une chronologie
- Récit : le roman policier

GRAMMAIRE
- Passé simple
- Indicateurs de temps : chronologie, fréquence / durée
- Formation des mots : préfixes, suffixes

CULTURE : Les festivals

● Le bon film

Compréhension orale • Compréhension écrite • Expression orale

Écoutez les trois conversations et indiquez à quel résumé de film correspond chaque dialogue.

Corto Maltese :
La Cour secrète des Arcanes
Film d'animation français de Pascal Morelli (2002).
À la fin de la Première Guerre mondiale, un aventurier solitaire se lance à la recherche d'un train transportant une impressionnante cargaison d'or.

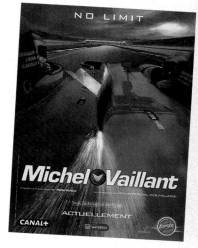

Michel Vaillant
Film français de Louis-Pascal Couvelaire (2003).
Les aventures d'un gentil pilote, héros de bande dessinée qui a marqué notre enfance. Beaucoup de scènes dynamiques, de poursuites, des dialogues primaires, un film primaire mais ça roule !

Ressources humaines
Drame de Laurent Cantet (2000).
Un conflit au sein d'une entreprise entre Franck, fils d'ouvrier, qui termine des études de commerce et fait son stage dans l'usine où son père travaille, et ce dernier. Les illusions de Franck se heurtent au conservatisme de l'entreprise.

Chaos
Comédie dramatique de Coline Serreau (2001).
Paul et Hélène sont témoins d'un fait divers qui va bouleverser leurs vies. Hélène va se lancer dans une enquête qui lui fait découvrir des milieux inconnus et l'éloigne de Paul qui ne vit que pour son travail.

Rien ne va plus
Comédie dramatique de Claude Chabrol (1997).
Victor et Betty forment un couple étonnant. Il vivent de petites escroqueries en sillonnant la France. Betty décide de prendre des vacances en Suisse et de se lancer dans une escroquerie de grande envergure.

Chronologie : le cas Manu Chao

Compréhension écrite

Remettez en ordre la biographie de Manu Chao.

1. À la fin des années quatre-vingt, le groupe La Mano Negra s'est créé autour de Manu Chao. Plusieurs disques et de nombreux concerts font connaître ce groupe jusqu'à 1994, date de la séparation.

2. Il a sorti en 98 le disque *Clandestino*, une des meilleures ventes en France et un des disques français les plus vendus à l'étranger. L'année suivante, il a reçu la Victoire de la musique pour le meilleur album de musique du monde.

3. Manu Chao est né le 21 juin 1961 à Paris, de parents espagnols. Il a passé son enfance à Boulogne-Billancourt, puis à Sèvres.

4. Si l'on veut résumer en quelques mots la carrière de Manu Chao, on dira qu'il n'a cessé de mêler musique et politique : malgré l'énorme succès remporté par ses albums, il a gardé l'esprit de ses débuts. Ce militant anti-mondialisation, puisant son inspiration dans ses racines comme dans ses voyages, est resté loin du « star-system ».

5. Influencé par le groupe anglais Clash, il a créé son premier groupe en 1985, les Hot Pants. À cette époque, il y avait de nombreux groupes de rock alternatif en France.

6. Deux ans plus tard, en 2001, Manu Chao est reparti en tournée en Amérique du Sud ; puis, à la sortie du second album qui a connu le même succès que le premier, il a retrouvé le public européen.

7. Après cet épisode, Manu Chao s'est installé deux ans à Madrid, il a formé un nouveau groupe, Radio Bemba, et a fait plusieurs voyages en Amérique latine : Brésil, Mexique, Argentine.

Alain Bashung

Compréhension écrite • Expression écrite

Avec le document ci-dessous, rédigez une biographie du chanteur Alain Bashung.

- 1947 : Naissance d'Alain-Claude Bashung.
- 1948 à 1959 : Enfance en Alsace.
- 1959 : Retour en banlieue parisienne. Découverte de Brassens, Gainsbourg et du rock'n roll.
- 1963 : Premier groupe avec des copains.
- 1966 : Premier disque : *Pourquoi rêvez-vous des États-Unis ?*
- 1980 : *Gaby, oh Gaby* (1 million d'exemplaires vendus).
- 1981 : *Vertige de l'amour*. Grand concert à l'Olympia.
- 1982 : *Play blessures* (en collaboration avec Gainsbourg).
- 1983 : Début au cinéma dans *Le Cimetière des Voitures*.
- 1984 : Tournée en France.
- 1991 : *Osez Joséphine*.
- 1999 : Victoire de la musique pour le meilleur album.
- 2000 : Trois films : *Félix et Lola, L'Origine du monde, La Confusion des Genres*.
- 2002 : *Imprudence*, 11e album.

grammairecommunicationgrammairecommunication

SITUER DANS LE TEMPS DANS UNE CHRONOLOGIE

1. Vous pouvez situer de façon précise en donnant une date :
En 1985 / En mai 1999 / Le 1er avril 1977.

2. Vous pouvez situer d'une façon plus large et plus imprécise dans une décennie :
Dans les années quatre-vingt / Au début des années quatre-vingt / Au milieu des années quatre-vingt / À la fin des années quatre-vingt.

3. Vous pouvez situer un événement dans une période :
Pendant ces années / Durant cette période / Pendant la guerre.

Ou avant ou après une période :
Avant l'été / Après les vacances.

4. Vous pouvez situer un événement en vous référant à un autre événement :
• **d'une façon imprécise :**
À cette époque-là / À ce moment-là.
• **d'une façon plus précise :**
L'année suivante / L'année précédente / Un an plus tard / Quelques années plus tard / Un an après / Trois semaines plus tard / Deux mois après.

Exercice   Les indicateurs de temps

Complétez avec les indicateurs : *pendant, au début des années quatre-vingt-dix, à la fin des années quatre-vingt-dix, avant, plus tard, à cette époque-là, après, en 1985, durant toutes ces années.*

1. Je l'ai rencontré ...., en 1991 je crois.

2. Quand j'étais étudiante, j'habitais à Paris, ..., je n'avais vraiment pas beaucoup d'argent, mais j'étais heureuse.

3. J'irai voir Jacques .... l'été, sans doute en juin.

4. .... les vacances, je vais louer une maison en Grèce.

5. J'ai rencontré David en 1998, un an ...., nous nous sommes mariés.

6. La loi sur la décentralisation a été votée ...., je pense.

7. Au début de mars, je suis allée en Turquie, et une semaine ...., je suis partie en Espagne.

8. J'ai passé cinq ans à Athènes, ..., j'ai beaucoup travaillé.

9. Tout a changé ...., j'ai commencé à avoir des difficultés au travail, les choses se sont compliquées et en 2001, j'ai été licencié.

10. C'est toujours très difficile de reprendre le travail .... les vacances.

Polars

Compréhension écrite

Lisez les textes, extraits de polars (mot familier pour « roman policier ») et, par groupes, remplissez les tableaux.

1. Les deux jeunes gens tuaient le temps dans la gare centrale de Rome.

– À quelle heure arrive son train ? demanda Néron.

– Dans une heure vingt, dit Tibère.

– Tu comptes rester comme ça longtemps ? Tu comptes rester à attendre cette femme sans bouger ?

- Oui.

Néron soupira. La gare était vide, il était huit heures du matin, et il attendait ce foutu Palatino en provenance de Paris. Il regarda Tibère qui s'était allongé sur un banc, les yeux fermés. Il pouvait très bien s'en aller doucement et retourner dormir.

– Reste là, Néron, dit Tibère sans ouvrir les yeux.

– Tu n'as plus besoin de moi.

– Je veux que tu la voies.

– Bon.

Néron se rassit lourdement.

– Quel âge a-t-elle ?

Tibère compta dans sa tête. Il ne savait pas au juste quel âge Laura pouvait bien avoir. [...]

– Quarante-trois ans, dit-il.

Fred Vargas, *Ceux qui vont mourir te saluent*,
Éditions Viviane Hamy, 1994.

2. C'était un endroit où les voix vibraient. Adrian s'accouda au bar et alluma une cigarette. Le tabac se mêlait à l'amertume du café et, dehors, les carlingues des avions renvoyaient le soleil.

Éblouissant matin. Des voix de femmes alignant des villes, des heures, des chiffres... une douceur que balançaient les échos.

Ça y est. Je pars. [...]

Le type posa son sac à quelques centimètres de son pied droit et s'accouda au bar. Un costume de soie grise. Une grande marque, coupe récente. Chaussures italiennes de cuir olivâtre. Une chemise militaire au col élimé et un tatouage-dragon sur le dos de la main. Les yeux étaient si délavés qu'Adrian crut qu'il portait des lentilles.

– Werner, dit-il.

Klotz, *Iaroslav*, Albin Michel, 1998.

3. Naïma se réveilla en sursaut. Un bruit, à l'étage au-dessus. Un bruit bizarre. Sourd. Son cœur battait fort. Elle tendit l'oreille, en retenant sa respiration. Rien. Le silence. Une faible lumière filtrait à travers les persiennes. Quelle heure pouvait-il être ? Elle n'avait pas de montre sur elle. Guitou dormait paisiblement. Sur le ventre. Le visage tourné vers elle. À peine entendait-elle son souffle. Ça la rassura, ce souffle régulier. Elle se rallongea et se serra contre lui, les yeux ouverts. [...] Se rendormir.

Jean-Claude Izzo, *Chourmo*,
© Éditions Gallimard, 1996.

	Descriptions	Actions
1.	....	....
2.	....	....
3.	....	....

	1.	2.	3.
Qui ?	....	....	....
Où ?	....	....	....
Quand ?	....	....	....
Quoi ?	....	....	....

grammaire communication grammaire communication

LE PASSÉ SIMPLE

EMPLOI

Le passé simple est un temps du récit à l'écrit. Vous n'aurez sans doute pas à l'utiliser dans des situations de communication courantes à l'oral. Mais vous le trouverez dans des récits littéraires, des romans (comme, page 104, dans des romans policiers), des nouvelles, des contes.

C'est un temps qui met l'accent sur le premier plan du récit (= ce qui fait qu'il se passe quelque chose dans un récit), alors que l'imparfait permet d'évoquer l'arrière-plan : le décor, la caractérisation des personnages, les circonstances, etc. Le passé simple et l'imparfait sont généralement employés ensemble.

Dans les récits qui précèdent, lorsque le présent est utilisé, c'est dans des dialogues ; il y a un arrêt dans le récit.

MORPHOLOGIE DU PASSÉ SIMPLE

Comme il s'agit d'un temps du récit, vous trouverez assez peu souvent les formes avec *tu* et *vous*, vous aurez plus souvent les formes avec *je, il(s), elle(s)*.

Les terminaisons du passé simple pour les verbes en -er : *ai, as, a, âmes, âtes, èrent*.
Je travaillai - tu travaillas - il travailla - nous travaillâmes - vous travaillâtes - ils travaillèrent.

Pour les verbes courants :

Avoir :   *j'eus - tu eus - il eut - nous eûmes - vous eûtes - ils eurent.*
Être :   *je fus - tu fus - il fut - nous fûmes - vous fûtes - ils furent.*
Finir :   *je finis - tu finis - il finit - nous finîmes - vous finîtes - ils finirent.*
Prendre :   *je pris - tu pris - il prit - nous prîmes - vous prîtes - ils prirent.*
Dire :   *je dis - tu dis - il dit - nous dîmes - vous dîtes - ils dirent.*
Faire :   *je fis - tu fis - il fit - nous fîmes - vous fîtes - ils firent.*
Venir :   *je vins - tu vins - il vint - nous vînmes - vous vîntes - ils vinrent.*

Exercice   Passé simple ou imparfait ?

Complétez en utilisant le passé simple ou l'imparfait.

L'inspecteur Schkrout (*s'arrêter*) ...., un homme le (*suivre*) ...., il (*allumer*) .... sa pipe en surveillant l'individu qui (*porter*) .... un chapeau noir.

Schkrout (*penser*) .... que cette silhouette ne lui (*être*) .... pas inconnue.

Il (*retrouver*) .... Daguin au café de la Poste. Ils (*prendre*) .... la voiture de Daguin pour se rendre dans le village voisin et commencer l'enquête. Le voyage (*être*) .... court et (*se passer*) .... en silence. Lorsqu'ils (*arriver*) ...., un gendarme les (*attendre*) .... devant la mairie...

• Rubriques

TROIS HOMMES DANS UN SALON : BRASSENS, BREL, FERRÉ

1. Lisez les extraits de l'entretien entre Georges Brassens, Jacques Brel et Léo Ferré et répondez aux questions.

Léo Ferré.

Georges Brassens.

Jacques Brel.

Le 6 janvier 1969, à Paris, eut lieu une rencontre à jamais unique entre les trois artistes.

FRC : *Vous êtes donc des artisans de la chanson, ou des « chansonniers ». Et la chanson, alors ? Pour vous, ce serait un art mineur ? majeur ? un art, quand même ?*

Léo Ferré : Brassens a dit une chose vraie : moi, je mélange des paroles et de la musique, voilà bien ce que je fais. C'est ça, la bonne définition.

Georges Brassens : Oui, la chanson, ce sont des paroles et de la musique mélangées, et chantées.

Jacques Brel : Et chantées ! ce sont des chansons !

Georges Brassens : C'est tout à fait différent de ce qu'on appelle couramment la poésie. La poésie est quand même faite pour être lue, ou pour être dite. La chanson, c'est très différent. [...] Quand on écrit pour l'oreille, on est obligés d'employer un vocabulaire un petit peu différent, des mots qui accrochent plus vite. Alors que le lecteur, lui, a la possibilité de revenir en arrière. [...]

Mais enfin quand vous faites une chanson, les gens l'entendent en vitesse, souvent sans le vouloir.

Georges Brassens : Autrefois, on chantait. Quand un type faisait une chanson, qu'elle plaisait, les gens se la chantaient, se la passaient, se l'apprenaient. Ils

participaient, ils avaient des cahiers de chansons. À Sète, moi, j'en voyais des chanteurs de rue...

Léo Ferré : Moi, quand j'étais petit, en 1922, ma maman me faisait chanter *Le Pélican*. J'ai oublié ce que c'était, mais tout le monde connaissait *Le Pélican*.

À ce moment-là, il y avait à peine la radio. Ou si : les radios « usine » avec tous les boutons, c'était formidable.

Georges Brassens : Il y avait des cafés-concerts, aussi.

Jacques Brel : Et dans les maisons, souvent les gens jouaient d'un instrument. [...]

FRC : *Alors, dans votre vie, avez-vous jamais fait autre chose que d'écrire, de composer ou de chanter ? À un moment ou à un autre, cela vous a-t-il servi ou vous sert-il encore aujourd'hui ?*

Léo Ferré : Moi, je pense que tout sert, singulièrement les choses malheureuses.

Georges Brassens : Les petits bonheurs aussi servent, mais enfin, comme ils sont moins nombreux...

Léo Ferré : Mais les petits bonheurs, c'est plus banal que les choses malheureuses.

FRC : *Je veux parler d'un autre métier, d'autres passions éventuellement...*

Léo Ferré : Là alors, je crois que parallèlement on ne peut pas faire autre chose. Maintenant, ce qu'on a fait avant ? On a tous fait des études, on est tous allés à l'école, on a fait des trucs...

Georges Brassens : On a vécu, quoi.

Propos recueillis par François-René Cristiani et Jean-Pierre Leloir.

QUESTIONS

1. **Comment est-ce que ces trois auteurs-compositeurs-interprètes définissent la chanson ?**
2. **Quelle différence y a-t-il avec la poésie ?**
3. **Comment est-ce que les gens connaissaient les chansons avant ?**
4. **Où trouvent-ils leur inspiration ?**

2. **Dans ce questionnaire, choisissez cinq questions, adaptez-les et imaginez ce que pourrait répondre, dans une interview, votre chanteur / chanteuse préféré(e).**

1. La chanson est-elle un art, selon vous ? Un art majeur ou un art mineur ?
2. Avez-vous jamais fait autre chose que d'écrire, de composer ou de chanter, et cela vous a-t-il servi dans votre métier de chanteur ?
3. Vous avez tous les trois, plus ou moins fait du cinéma. Pensez-vous qu'il y ait des liens entre le comédien et le chanteur ?
4. Peut-on dire que, dans ce métier, vous avez toujours fait ce que vous vouliez faire ?
5. Et si vous deviez ne plus chanter, si vous étiez obligés de choisir un autre métier ?
6. Avez-vous le sentiment d'être devenus des adultes ?
7. Avez-vous l'impression des fois que vous avez une tradition derrière vous, le folklore français, les Béranger, etc. ?
8. Comment réagissez-vous à la publicité ? Vous sert-elle, vous intéresse-t-elle ?
9. Comment vivez-vous ? avec des copains ? une femme ? en compagnie d'animaux ? Comment ?
10. Quelle place tient la femme dans votre vie ?
11. Qu'est-ce que vous appréciez chez une femme ?
12. Avez-vous le sentiment, tous les trois, d'avoir bien... ou très bien « réussi votre vie » ?

grammairecommunicationgrammairecommunication

LA FORMATION DES MOTS

1. LA DÉRIVATION

À partir d'un mot de base, qui porte le sens principal, d'autres mots sont formés en ajoutant un préfixe ou un suffixe (ou les deux) :

> *planter* → *implanter*
> *plantation*
> *réimplantation*

2. LA FAMILLE DE MOTS

Une « famille de mots » est constituée de tous les mots qui sont formés à partir du même mot de base :

> *célèbre* → *célébrité*
> *célébrer*
> *célébration*
> *concélébrer*

Exercice   Les familles de mots

Identifiez le mot de base et regroupez les mots suivants par familles.

- monstrueux
- assouplir
- courage
- sentiment
- dentelle
- monstre
- souplesse
- concorde
- dentition
- courrier
- souplement

- cœur
- dentaire
- ressentir
- démontrer
- courant
- dent
- secourir
- montrer
- dentifrice
- écœurer
- couramment

- sentir
- cordialement
- accourir
- souple
- courir
- sentimental
- dentiste
- démonstratif
- pressentir
- accorder

SENS DE QUELQUES PRÉFIXES FRÉQUENTS

- **anti- = contre, idée d'opposition :**
  antibruit, antipollution.
- **co- / con- / com- / col- / cor- = avec, ensemble :**
  coopérer, conscience, communiquer, collaborer, correspondance.
- **in- / il- / ir- / im- = négation, expression du contraire :**
  inégal, illisible, irrégulier, impossible.

- **pro- = en avant :**
  projeter, proposer, promettre.
- **pré- = avant, en avant :**
  préparer, précéder, préavis, précédent.
- **re- / ré- = idée de répétition :**
  revenir, réunifier.

SENS DE QUELQUES SUFFIXES FRÉQUENTS

- **-able / -ible = idée de possibilité, de capacité :**
  faisable, lisible, réalisable, indicible.
- **-age = action :**
  sauvetage, levage, pesage.
- **-(a)teur = personne qui fait quelque chose :**
  réalisateur, opératrice.
- **-(a)tion = action :**
  solution, réalisation, opération, falsification.
- **-ard / -asse = suffixe péjoratif (= idée de mauvaise qualité, de dépréciation) :**
  chauffard, vinasse, vantard, paperasse.

- **-ement = action ou résultat d'une action :**
  tremblement, déroulement, développement, accomplissement.
- **-et / -ette = diminutif :**
  maisonnette, garçonnet.
- **-eur = exprime la qualité de quelque chose :**
  froideur, lenteur, douceur.
- **-eté / -été / -ité = nom abstrait :**
  fausseté, société, réalité.
- **-esse = qualité :**
  finesse, souplesse, adresse, délicatesse.

Exercice   Préfixes

En vous appuyant sur le sens de la phrase et des mots, complétez les pointillés par le préfixe qui convient.

1. Photocopier un livre pour le vendre, c'est un procédé complètement … légal !
2. Tu ne dois pas te faire surprendre par cette grosse dépense : tu devrais faire un budget … visionnel.
3. Je suis désolé, votre machine à laver est d'un modèle trop ancien : elle est … réparable.
4. Pour payer un loyer moins cher, les étudiants prennent souvent un … locataire et partagent un appartement.
5. Marlène ne se conduit jamais comme tout le monde ; elle est vraiment … conformiste.
6. Nous avons décidé de … longer nos vacances de quelques jours.
7. Patrick et Serge skient très bien. L'année prochaine, ils pourront participer à des … pétitions sportives.
8. Zut ! j'ai oublié ma valise. Je dois … tourner chez moi.
9. Mon médecin m'a adressé à l'un de ses … frères, spécialiste des articulations.
10. Ce que j'admire le plus chez tante Marthe, c'est sa patience … finie.

Exercice   Suffixes

En vous appuyant sur le sens de la phrase et des mots, complétez les pointillés par le suffixe qui convient.

1. Frédérique habite une chambr… minuscule sous les toits.
2. Mes grands-parents sont mariés depuis soixante-deux ans mais ils éprouvent encore une grande tendr… l'un pour l'autre.
3. J'ai été réveillé cette nuit par des fêt… qui criaient dans la rue.
4. Je trouve que le conducteur a commis une faute grave, une faute inadmiss…
5. Passer quinze jours en camping en Ardèche, c'est un projet de vacances tout à fait séduisant et réalis…
6. Pendant trois jours, la circul… est interdite au centre-ville.
7. Un petit garçon est tombé dans la rivière mais il a été secouru par un sauvet… courageux qui n'a pas hésité à plonger.
8. Je vais m'acheter une machine à laver : le lav… est un esclav… !

Les festivals

1. Vous prenez connaissance des différentes informations sur les festivals et vous dites lequel vous aimeriez visiter.

2. Par groupes, vous inventez un festival : lieu, thème, période, particularités.

> **Festival : histoire d'un mot qui a circulé**
> Mot emprunté à l'anglais (de fête, période de fête, série de manifestations musicales). Ce sens est repris en français. Le mot anglais vient de l'ancien français, dérivé du latin, *festivus* (où il y a une fête).

Festival de Cannes 2004

La préparation du Festival 2004 s'amorce avec la mise en ligne des règlements et des fichiers d'inscription pour le prochain festival, qui aura lieu du 12 au 23 mai prochain.

> **COMMUNIQUÉ**
> La cinéaste Claire Denis présidait le jury qui a choisi parmi 122 candidats les 6 lauréats qui séjourneront à la résidence du Festival à partir du 1er octobre 2003 pour l'écriture de leur 1er ou 2e long métrage.

Palme d'Or 2003 : *Elephant*

C'est Gus Van Sant qui s'est vu remettre des mains d'Isabelle Huppert la Palme d'or du 56e Festival International de Cannes pour *Elephant*. « Je croyais en avoir terminé ! C'est extraordinaire… »

Festival de Jazz de Montréal

Avec ses quelque 500 concerts, dont 350 présentés gratuitement, 2 000 musiciens et près de deux millions de spectateurs annuellement, le Festival est reconnu internationalement en tant que plus grande fête musicale qui soit. L'année 2004 marque le 25e anniversaire de l'événement, du 30 juin au 11 juillet.

Festival d'Avignon

Pendant 17 ans, le Festival est resté l'affaire d'un seul homme, d'une seule voix, d'un seul lieu, et donc d'une seule âme. La volonté de Jean Vilar fut de toucher un public jeune, attentif, nouveau avec un théâtre différent de celui qui se pratiquait à l'époque à Paris.
Le Festival est alors devenu le fer de lance du renouveau théâtral français. Et Avignon depuis cette époque est autant le rendez-vous de pionniers d'expériences théâtrales conduites en province que l'événement culturel de l'été.
Chaque été, en effet, au palais des Papes, c'est un rituel, une « communion » qui se déroule.

Festival
du Film policier de Cognac

La 21e édition vient de se terminer avec succès.

Cette 21e édition vient confirmer que le cocktail cinéma-convivialité marche à merveille. L'ambiance y était conviviale et festive. Une fois de plus, les festivaliers sont repartis louant la qualité de l'accueil et de la manifestation, souhaitant tous être des nôtres l'année prochaine.

Francofolies
Ou les voyages d'un Festival

C'est en 1985 que naissent les premières Francofolies de La Rochelle. Jean-Louis Foulquier en est le créateur et toujours directeur. Cette manifestation est devenue de plus en plus importante pour le public et les artistes.

Les Francofolies gardent cette volonté de proposer ou d'affirmer chaque année de nouveaux talents, qu'ils viennent de France métropolitaine, de Belgique, d'Afrique, de Suisse, des Antilles ou du Canada.

Depuis 1985, ce sont plus de 1 800 artistes qui ont donné le meilleur d'eux-mêmes à un public nombreux et diversifié.

C'est un festival qui s'ouvre de plus en plus sur le monde francophone :
– depuis 1989, les Francofolies existent aussi à Montréal ;
– depuis 1994, à Spa, en Belgique.

Les Vieilles Charrues
23 au 25 juillet à Carhaix.

1992, l'histoire commence à Landeleau. Lors du rassemblement des Vieux Gréements[1] à Brest, une bande de copains décide de créer l'association « Les vieilles charrues » avec trois principes :
– faire les choses sérieusement sans se prendre au sérieux ;
– vivre et travailler au pays ;
– être fier de son pays.

Le flux de visiteurs augmente chaque année pour cette grande fête qui propose les tendances musicales les plus créatives. Les vieilles charrues ce n'est pas seulement un festival, mais aussi la valorisation du patrimoine local et un souci de développement du centre Bretagne.

1. Équipements d'un navire (voiles, cordage, ancre...).

grammairecommunicationgrammairecommunication

DURÉE / FRÉQUENCE
NE JAMAIS, TOUJOURS, ENCORE, NE … PLUS, JAMAIS PLUS

Ces indicateurs peuvent exprimer :
• la fréquence : *parfois, souvent, jamais, toujours.*
• la répétition : *encore* (= à nouveau).
  Marie est encore malade, c'est la deuxième fois en un mois.
• un état ou une action qui dure ou qui ne dure plus.
  Pierre est encore au travail.
  Marie n'est plus malade.

ATTENTION : le contraire de *encore* peut être *ne … pas encore*, qui indique qu'un événement n'est pas arrivé...

– *Tu as posté les lettres ?*
– *Non, pas encore, je n'ai pas eu le temps.*

... ou *ne … plus* qui indique qu'un événement ou un état s'est arrêté :
  – *Tu habites à la campagne ?*
  – *Non, je n'y habite plus.*
Il peut y avoir dans la question une indication de fréquence :
  – *Tu vas souvent à Paris ?*
  – *Non, je n'y vais plus.*
On peut renforcer la négation en utilisant *plus jamais* :
  Depuis qu'Agnès est partie à l'étranger, je ne l'ai plus jamais revue.

Exercice   Durée / fréquence

Complétez en choisissant.

1. On ne peut pas compter sur Mario. Il est .... en retard !

   toujours / encore

2. Je ne vois .... Jeanne. Elle a déménagé. Avant, on déjeunait ensemble une fois par semaine.

   pas / plus

3. J'ai .... oublié mes clés, c'est la deuxième fois cette semaine.

   encore / toujours

4. Je vais .... faire le marché le mardi, c'est une vieille habitude.

   toujours / encore

5. Continuez à prendre ces médicaments. Vous n'êtes pas .... guéri.

   jamais / encore / toujours

6. Ce mois-ci, j'ai eu beaucoup de dépenses, je n'ai .... d'argent.

   pas / plus

7. J'ai vraiment été traumatisé par ces images... .... ça !

   Pas encore / Plus / Plus jamais

8. Je n'ai .... travaillé, je viens de terminer mes études.

   pas encore / plus

9. Je ne suis .... allé au Canada, je ne connais pas ce pays.

   jamais / pas

séquence 10

Décrire
Expliquer

COMMUNICATION
• Décrire un objet d'art
• Faire un portrait (littérature)
• Décrire un paysage / un itinéraire touristique

GRAMMAIRE
• Comparatifs et superlatifs
• Pronoms relatifs composés
• Apposition
• Formation des mots (suite)

CULTURE : Les habitudes culturelles des Français

Arts

Compréhension orale

Écoutez et associez chaque dialogue à une image.

a. *La muse inspirant le poète*
(deuxième version), Le Douanier Rousseau.

b. La statue de l'Aurige de Delphes.

c. *Bon Voyage*,
film de Jean-Paul Rappeneau.

d. Le château de Chambord.

La Joconde

Écoutez la présentation du célèbre tableau *La Joconde*. Choisissez de présenter une œuvre artistique (livre, tableau, film, statue, etc.) de votre pays. Voici les éléments que votre présentation devra comporter :

– le titre de l'œuvre ;
– quelques indications biographiques sur son créateur ;
– quelques éléments circonstanciels : lieu, époque, contexte ;
– des remarques sur la composition, l'organisation de l'œuvre ;
– un jugement esthétique (beauté, originalité, surprise, etc.).

La Joconde, Léonard de Vinci.

Habitudes culturelles des Français

1. Observez le tableau ci-dessous et écoutez l'analyse qui est faite des habitudes des Français en matière de télévision.

Équipement audiovisuel et fréquence d'usage	1973	1981	1989	1997
Proportion de Français âgés de 15 ans et plus qui...				
... possèdent dans leur foyer :				
• au moins un téléviseur	86 %	93 %	96 %	96 %
• plusieurs téléviseurs	*	10 %	24 %	45 %
... regardent la télévision				
• tous les jours	65 %	69 %	73 %	77 %
• jamais	12 %	9 %	10 %	9 %
Durée hebdomadaire moyenne d'écoute de la télévision	16 h	16 h	20 h	22 h

2. Sur le modèle de la précédente explication et à partir du tableau ci-dessous, faites par écrit un commentaire explicatif de l'évolution des habitudes de lecture des Français.

Les rapports au livre	1973	1981	1989	1997
Proportion de Français âgés de 15 ans et plus qui...				
... possèdent des livres dans leur foyer :	73 %	80 %	87 %	91 %
... sont inscrits dans une bibliothèque :	13 %	14 %	17 %	21 %
... ont dans les 12 derniers mois :				
• acheté au moins 1 livre	51 %	56 %	62 %	63 %
• lu au moins 1 livre	70 %	74 %	75 %	74 %
• lu de 1 à 9 livres	24 %	28 %	32 %	34 %
• lu de 10 à 24 livres	23 %	26 %	25 %	23 %
• lu 25 livres et plus	22 %	19 %	17 %	14 %

grammairecommunicationgrammairecommunication

COMPARATIFS ET SUPERLATIFS

Pour donner des explications, on est souvent conduit à comparer (par exemple, des pourcentages, des nombres, des résultats chiffrés). Comparatifs et superlatifs sont des moyens d'opérer ces comparaisons.

LE COMPARATIF

Il permet d'exprimer la supériorité, l'égalité ou l'infériorité :

• la supériorité :

... *plus* + adjectif ou adverbe + *que*...

*Les téléviseurs sont **plus** nombreux aujourd'hui **qu'**en 1973. / Les Français regardent la télévision **plus** longtemps aujourd'hui **qu'**en 1973.*

... *plus de* + nom + *que*...

*En 2003, il y a **plus de** téléviseurs dans les foyers français **qu'**en 1973.*

• l'égalité :

... *aussi* + adjectif ou adverbe + *que*...

*Pascale est **aussi** sérieuse et efficace **que** Valérie. / J'habite **aussi** loin **que** toi du centre-ville.*

... *autant de* + nom + *que*...

*Tu as **autant de** jours de congé **que** moi.*

• l'infériorité :

... *moins* + adjectif ou adverbe + *que*...

*Je trouve que François est **moins** travailleur **que** Bertrand. / Il a plu **moins** souvent cet été **que** l'année dernière.*

... *moins de* + nom + *que*...

*Nous avons eu **moins de** neige cette année **que** l'année dernière.*

On peut nuancer l'intensité du comparatif à l'aide d'adverbes comme *un peu, beaucoup*, ou avec la négation :

*Il fait **un peu moins** froid aujourd'hui **qu'**hier. / Fabienne est **beaucoup plus** sympathique **que** sa sœur. / Mais non ! Maryse n'est **pas aussi** désagréable **que** Julie.*

LE SUPERLATIF

Le (la / les) plus... / *le (la / les) moins...* + adjectif + *(de...)*

*De tous mes amis, Jean-Pierre est celui dont je suis **le plus** proche. / Tu devrais prendre **la moins** chère **de** ces deux paires de chaussures. / Jean et Denis sont les hommes **les plus** sympathiques **du** monde !*

Comparatifs et superlatifs irréguliers		
adjectif	comparatif	superlatif
bon	*meilleur*	*le meilleur*
bien	*mieux*	*le mieux*
mauvais	*pire*	*le pire*
grand	*plus grand / supérieur à*	*le plus grand*
petit	*plus petit / inférieur à*	*le plus petit*

Exercice   Comparatif ou superlatif ?

Dans les phrases suivantes, mettez l'adjectif entre parenthèses au comparatif ou au superlatif en fonction du sens.

1. Dans la Bibliothèque vaticane se trouvent (*précieux*) .... des manuscrits.

2. Pauline est beaucoup (*intelligente*) .... qu'elle le laisse paraître.

3. On dit que le chien est (*bon*) .... ami de l'homme et que le cheval est sa (*noble*) .... conquête.

4. Nous avons du soleil ce matin, c'est pourquoi il fait (*froid*) .... qu'hier.

5. Bien qu'ils aient un an d'écart, mes neveux ont la même taille : Alex est (*grand*) .... que Frédéric alors qu'il est (*jeune*) .... des deux.

• Rubriques

Lisez ces quatre portraits littéraires (tous extraits d'un même roman) et identifiez les quatre portraits dessinés qui leur correspondent exactement.

1

Robert Deniraud était grand, un mètre quatre-vingt-treize, cent deux kilos. Bel homme, blond, les cheveux encore abondants, fins et ondulés, mèche sur le côté, toujours bien coupés – il allait chez le coiffeur tous les quinze jours –, la peau mate, légèrement hâlée quelle que soit la saison. Ses yeux bleus étaient le plus souvent dissimulés derrière des verres teintés. Depuis qu'il avait de l'argent, c'est-à-dire depuis cinq ou six ans à peine, il s'habillait chez Marcel Lassance pour les costumes et chez Hugo Boss pour les manteaux. Les chemises étaient siglées Ralph Lauren, les cravates Hermès et les chaussures Weston.

Thierry Gandillot, *Les Locataires*,
Robert Laffont, 2003, p. 13.

a

b

c

b

a

c

2

La porte du numéro 5 s'ouvrit, laissant passer deux hommes qui s'arrêtèrent pour discuter un moment à côté d'une grosse Kawasaki. Le plus grand, l'air sportif, portait un casque intégral à la saignée du bras. Il le posa sur le siège de la moto qu'il entreprit de libérer de son antivol. Le second, plutôt mince, le visage rond, absolument chauve, était vêtu d'une veste légère couleur vanille et d'un jean rose coupé large qui tombait sur des mocassins à bouts carrés.

Thierry Gandillot, *Les Locataires*,
Robert Laffont, 2003, p. 23.

3

(Une jeune femme, Michèle Guérin se regarde dans un miroir.)

Elle aimait bien ses yeux aussi, verts, impertinents et rieurs. Ils lui donnaient un petit air effronté, la rajeunissaient en tout cas. Assez étirés, légèrement bridés, même, ils ajoutaient une touche épicée à ce visage encadré par une masse de cheveux noirs coupés au carré, un peu à la Louise Brooks. Son regard pimpant lui donnait un air à la fois romantique et blagueur qui séduisait les hommes.

Thierry Gandillot, *Les Locataires*,
Robert Laffont, 2003, p. 72.

a

b

c

4

Il se concentra sur le visage de cet homme, plutôt mince, les traits finement dessinés, avec des lèvres très délicates, féminines presque. Ses yeux marron reflétaient l'intelligence mais pas une grande force de caractère. Sa peau était mate, sans aucune ride, à l'exception de deux sillons profonds qui encadraient son nez, droit, assez long, et descendaient presque jusqu'à la commissure des lèvres. Ses cheveux châtains plutôt raides n'étaient pas abondamment fournis mais ils étaient bien plantés, en avant du front, et n'indiquaient aucun début de calvitie. Il avait laissé pousser des pattes effilées qui plongeaient loin en avant sur ses joues à la manière des apaches de l'ancien temps. Dans le lobe de l'oreille droite brillait un minuscule diamant

Thierry Gandillot, *Les Locataires*,
Robert Laffont, 2003, p. 81.

a

b

c

Le portrait

Expression écrite • Compréhension orale • Expression orale

1. En utilisant le vocabulaire proposé, faites le portrait de quelqu'un que vous connaissez.

LE VOCABULAIRE DU PORTRAIT

- **Les cheveux** : raides, comme des baguettes de tambour, longs, lisses, plats, frisés, bouclés, crépus, courts, en brosse, touffus, ébouriffés, broussailleux, en désordre, dépeignés, hérissés, bien coiffés, peignés, clairsemés.
- **La couleur des cheveux** : noirs, bruns, châtain, clairs, foncés, roux, blonds, poivre et sel, gris, blancs.
- **Le visage** : synonymes = la face, la figure.
- **La forme du visage** : rond, carré, ovale, allongé, étroit, en lame de couteau, massif.
- **Le teint** : pâle, blême, blafard, coloré, bronzé.
- **Le front** : arrondi, bombé, haut, bas, ridé, lisse, grand.
- **Les yeux** : immenses, petits, ronds, en amande, bridés.
- **Le regard** : perçant, fuyant, farouche, vif, vide.
- **Le nez** : droit, fin, retroussé, busqué, crochu, épaté, écrasé, allongé, tombant.

- **Les lèvres** : fines, serrées, minces, étroites, bien dessinées, pulpeuses, gourmandes, sensuelles.
- **La bouche** : grande, petite, sensuelle.
- **Le menton** : double, épais, rond, en galoche, volontaire, carré, fuyant.
- **Autres parties du visage** : les joues (rondes, rouges, enfantines) les tempes (grisonnantes) les paupières (lourdes, tombantes) les mâchoires (épaisses, fortes) les dents (blanches, jaunes, jaunies par le tabac, espacées (= les « dents du bonheur »).
- **Autres caractéristiques physiques** : les sourcils, la moustache, la barbe, le bouc.
- **Accessoires** : les lunettes, le chapeau, la casquette, le bonnet, la canne, le parapluie, le sac, un foulard, des gants.
- **Les comparaisons et les métaphores** : les cheveux en bataille, les cheveux poil de carotte, un œil de velours, des joues de bébé, un nez en trompette.

2. Écoutez l'enregistrement puis, par deux, dressez un portrait-robot de la même façon.

Coca-cola

Lisez le texte suivant et répondez au questionnaire.

Petite(s) histoire(s) d'une grande boisson

Le coca-cola, le plus connu des sodas, qu'on trouve en canettes ou en bouteilles dans les endroits les plus reculés de la planète, a ses petits mystères... Ainsi, à l'origine, le coca-cola était un remède énergétique dont la formule a été mise au point en 1885 par un pharmacien d'Atlanta (aux États-Unis, bien sûr !) pour lutter contre la fatigue. Il a rapidement perdu ce statut de médicament pour devenir une simple boisson mais, en compensation, a largement gagné en notoriété.

Cependant, certaines personnes considèrent encore le coca-cola comme un remède souverain contre les troubles intestinaux, gastro-entérites et autres coliques. En fait, il n'en est rien mais consommer du coca-cola lorsqu'on souffre de tels troubles permet de lutter contre la déshydratation – importante dans ce type d'affections – et d'absorber quelques calories (le coca-cola est très sucré, si on ne le consomme pas sous sa formule « light » !). En outre, dans les pays où l'eau peut être contaminée et dangereuse, l'ouverture d'une bouteille de coca-cola est la garantie de consommer une boisson stérile, sûre sur le plan bactériologique. Enfin, les touristes peuvent trouver et reconnaître la célèbre boisson dans pratiquement tous les pays du monde. La réputation de remède contre les troubles gastriques et intestinaux de cette pseudo-boisson miracle n'a donc aucun fondement scientifique.

De même, malgré la première partie de son nom, la célèbre boisson ne contient pas de cocaïne. C'était le cas dans les touts débuts de son histoire mais la prise de conscience des dangers de cette drogue a fait qu'on l'a retirée bien vite de la formule. En revanche, le coca-cola est bel et bien un excitant car il contient de la caféine (mais moins que le café qui en contient de quatre à sept fois plus, selon la variété).

La formule du coca-cola ! C'est un secret jalousement

Publicité, 1940.

gardé, et pour cause : elle est à la base d'un véritable empire économique qui fait de coca-cola une des marques commerciales les plus connues.

Quand les Français ont-ils découvert la fameuse boisson américaine ? On croit généralement qu'elle est arrivée chez nous dans les paquetages de l'armée US en 1944, au moment du débarquement allié, à la fin de la Seconde Guerre mondiale. Il n'en est rien ! Les Parisiens ont découvert le coca dès 1933. Ils en consomment aujourd'hui 800 millions de litres par an (25 litres par habitant).

	VRAI	FAUX
1. C'est un pharmacien qui a inventé le coca-cola.	☐	☐
2. Des études pharmacologiques ont prouvé que le coca-cola est un remède souverain contre les troubles intestinaux.	☐	☐
3. Dans certains pays, un des avantages du coca-cola c'est qu'il est exempt de microbes dangereux.	☐	☐
4. À l'origine, le coca-cola contenait de la cocaïne.	☐	☐
5. Il y a plus de caféine dans le coca que dans le café.	☐	☐
6. La composition du coca-cola est connue partout.	☐	☐
7. Le coca-cola est arrivé à Paris bien avant la Seconde Guerre mondiale.	☐	☐
8. Les Français consomment beaucoup de cola-cola.	☐	☐

grammairecommunicationgrammairecommunication

🐌 L'APPOSITION

L'apposition est une construction grammaticale très utile pour décrire ou pour expliquer. Elle permet de regrouper plusieurs informations, de façon économique. L'apposition est mise en relief à l'oral par une pause, par une virgule à l'écrit.

• On peut l'utiliser, par exemple, pour faire le portrait de quelqu'un :

Information 1 :
Jean est grand.

Information 2 :
Il est toujours habillé avec élégance.

Information 3 :
Il est intelligent.

Information 4 :
C'est un brillant causeur.

Information 5 :
Il s'attire la sympathie de tout le monde.
→ ***Grand, toujours habillé avec élégance, intelligent et brillant causeur,*** *Jean s'attire la sympathie de tout le monde.*

• Elle peut aussi apporter des informations complémentaires dans une description (d'objet, de paysage, etc.) :

Information 1 :
La ville a été construite à partir du XIVe siècle.

Information 2 :
Elle domine une vaste plaine.

Information 3 :
Elle est entourée de robustes remparts.

Information 4 :
C'est un véritable fleuron de l'architecture médiévale.

→ ***Construite à partir du XIVe siècle, dominant une vaste plaine, entourée de robustes remparts,*** *la ville est un véritable fleuron de l'architecture médiévale.*

• L'apposition peut aussi servir à donner une précision, une définition ou une explication :
Composés d'éléments séparés, en forme de filaments blancs ou de bandes étroites, blancs ou en majeures partie blancs, *les cirrus sont des nuages de très haute altitude,* ***situés le plus souvent entre 6 000 et 12 000 mètres.***

• De même, l'apposition peut exprimer une cause :
Surpris par la tempête, *le navire a eu beaucoup de peine à regagner le port.*
(= ***Parce qu'****il avait été surpris par la tempête, le navire a eu beaucoup de peine à regagner le port.)*

REMARQUE : **Lorsque le mot apposé est un nom, il est employé sans article.**
L'athlète Michel Reboutet est le vainqueur du quatre cents mètres. Il a également remporté le marathon.
→ ***Vainqueur du quatre cents mètres,*** *l'athlète Michel Reboutet a également remporté le marathon.*
ou
L'athlète Michel Reboutet, ***vainqueur du quatre cents mètres,*** *a également remporté le marathon.*

Exercice   L'apposition

Écrivez une seule phrase en utilisant des appositions.

1. L'automobile est un merveilleux instrument de liberté individuelle. Elle est le symbole de la démocratisation du progrès technique. Elle est aussi la première cause de mortalité chez les 18-25 ans.

2. Le calmar est voisin de la seiche. Il est doté de huit bras et de deux tentacules. Il appartient à la famille des mollusques.

3. Le bruit est un fléau de la vie citadine. Il est souvent à l'origine d'un stress pénible. Il doit être combattu par tous les moyens.

4. Jules César a d'abord été le conquérant du monde méditerranéen. Il est revenu en vainqueur à Rome. Il a fondé un empire qui va durer quatre siècles.

5. Le chien est le fidèle compagnon de l'homme. C'est l'ami des enfants. Il réclame soins et affection.

6. Cette calculatrice est très pratique. Elle est dotée de nombreuses fonctions. Elle séduira petits et grands.

7. Ce chocolat est délicieux. Il est fabriqué sans graisse végétale, avec du vrai cacao. Il fait les délices des gourmands.

8. Je suis passionné par l'informatique. Je suis fanatique des jeux vidéo. Je souhaiterais acquérir un ordinateur pas trop cher.

9. Je suis un consommateur exigeant. Je suis très attentif à la qualité des produits. Je fais partie d'une association de défense des consommateurs.

10. L'appareil photo numérique est compact. Il est désormais d'un prix accessible. Il tend de plus en plus à remplacer les appareils photo traditionnels.

• La pollution

Compréhension écrite • Expression écrite

À partir des informations et explications ci-dessous, rédigez un texte informatif.

➜ **Problème**

Le progrès technique ne permet pas de réduire la pollution due au transport : le nombre de véhicules augmente trop rapidement.

➜ **Constat**

• Accroissement de 4 % par an du trafic routier en France.

• Le trafic routier = le principal émetteur de dioxyde de carbone (CO_2).

• Le CO_2 = responsable de l'effet de serre et des changements climatiques.

• Les transports terrestres et aériens = consommation du quart des ressources énergétiques de la planète.

➜ **Conclusion / solutions**

Nécessité de choix de vie différents :

• renoncer à la suprématie de l'automobile :

– en ville : transports en commun, vélo, marche à pied, véhicules électriques ;

– dans les transports de marchandises : chemin de fer, ferroutage, voies fluviales.

• réaménager le territoire et l'espace des villes.

Description d'itinéraire

Écoutez les extraits enregistrés, prenez des notes et remettez-les dans l'ordre en vous aidant de la carte (parcours Pont-d'Hérault à Gignac).

La vallée de l'Hérault : De Pont-d'Hérault à Gignac
69 km - environ 5 heures

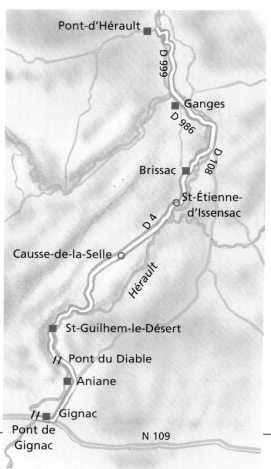

A.	....
B.	....
C.	....
D.	....
E.	....
F.	1
G.	....
H.	....

De Colmar à Thann

En vous aidant de la carte page 123 et en choisissant quelques étapes, expliquez le parcours de Colmar à Thann en présentant ses curiosités touristiques.

Excursion de Colmar à Thann
59 km - environ 3 heures

Le Retable fermé.

COLMAR :
• Ville de 85 000 habitants.
• Musée d'Unterlinden dans un cloître du XIIᵉ siècle. Le *Retable d'Issenheim* (exceptionnel !) : tableau du peintre Mathias Grünewald, datant du XVIᵉ siècle.

NATIONALE N 83 :
Route pittoresque, sinueuse. Paysage de vignobles.

EGUISHEIM :
Château du XIIIᵉ siècle, orné de trois tours (en ruines).

HATTSTATT :
- Bourg très ancien (XIᵉ siècle).
- Église datant des XIᵉ et XVᵉ siècles.

GUEBERSCHWIHR :
- Village viticole sur un coteau.
- Clocher roman du XIIᵉ siècle.

ROUFFACH :

- Gros centre agricole dans la plaine d'Alsace.
- La tour des Sorcières : date des XIIIᵉ et XVᵉ siècles. Surmontée d'un toit à quatre pans portant un nid de cigognes. A servi de prison jusqu'au XVIIIᵉ siècle.
- Maisons anciennes datant du XVIᵉ siècle.

La tour des Sorcières.

GUEBWILLER :
- Petite ville industrielle – 11 000 habitants.
- Hôtel de ville bâti en 1514 : bâtiment gothique flamboyant.
- Musée du Florival : archéologie, folklore, art religieux, histoire de la région.

Hôtel de Ville.

SOULTZ-HAUT-RHIN :
- Tire son nom d'une source saline qui existe encore aujourd'hui.
- Château d'Anthès : grande famille industrielle alsacienne dont l'un des membres, Georges Charles de Heeckeren, tua l'écrivain Pouchkine en duel en 1837. Construit en 1605, transformé aujourd'hui en hôtel de luxe.

THANN :
- Dernière étape de l'excursion – « Thann » signifie « sapin » en langue alsacienne.
- Musée des amis de Thann : installé dans une halle aux blés datant de 1519. Les grands thèmes traités sont : le vignoble, le château et les fortifications, le mobilier et les arts populaires, les souvenirs des deux Guerres mondiales, les débuts de l'industrie textile.

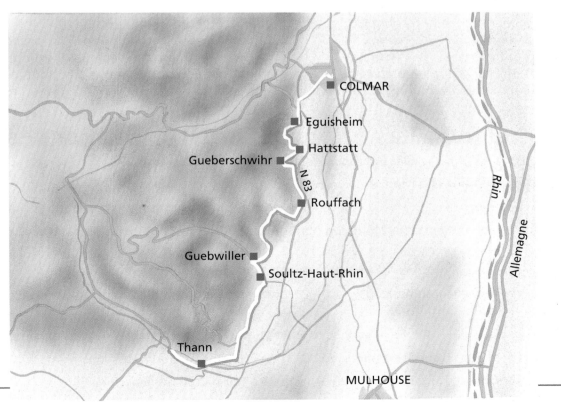

grammairecommunicationgrammairecommunication

LES PRONOMS RELATIFS COMPOSÉS

1. Lequel / laquelle / lesquels / lesquelles
Le relatif composé *lequel* est employé après une préposition : *pour, contre, avec, sans, dans, par*, etc. :

> Martine est une personne pour **laquelle** j'ai beaucoup d'admiration.
> N'oubliez pas votre passeport, sans **lequel** vous ne pourrez pas passer la frontière.

REMARQUE : **Si le mot qui est remplacé par le pronom relatif** *lequel, laquelle, lesquels, lesquelles* **désigne une personne, on peut utiliser** *qui* :

> Regarde ! Voilà la voiture avec **laquelle** j'ai fait le tour de l'Europe.
> Je te présente les deux amis avec **lesquels** (**ou** : avec qui) j'ai fait le tour de l'Europe.

2. Auquel / duquel / auxquels / auxquelles ; duquel / de laquelle / desquels / desquelles
Avec les prépositions *à* et *de* (*grâce à..., à cause de..., autour de...*, etc), le relatif composé se contracte (dans certaines formes) :

à + *lequel*   → *auquel*
à + *lesquels*   → *auxquels*
à + *lesquelles*   → *auxquelles*
de + *lequel*   → *duquel*
de + *lesquels*   → *desquels*
de + *desquelles*   → *desquelles*

> Adrien est l'ami grâce **auquel** j'ai pu surmonter les épreuves que j'ai connues.

Sur une centaine de personnes **auxquelles** j'ai écrit, très peu m'ont répondu.
La place autour **de laquelle** nous avons tourné pendant dix minutes s'appelle la place Granvelle.
L'amie à l'aide **de laquelle** (**ou** : à l'aide de qui) j'ai pu obtenir du travail vient d'être nommée chef de service.
Le chauffard à cause **duquel** Rémi s'est retrouvé à l'hôpital conduisait sans permis.

3. Accord en genre et en nombre
La forme des pronoms relatifs composés varie en fonction du genre et du nombre du nom qu'il remplace :

	masculin	féminin
singulier pluriel	*lequel* *lesquels*	*laquelle* *lesquelles*
singulier pluriel	*auquel* *auxquels*	*à laquelle* *auxquelles*
singulier pluriel	*duquel* *desquels*	*de laquelle* *desquelles*

Les **livres** (masculin pluriel) à propos **desquels** (masculin pluriel) un article a été publié dans la revue Lire sont des chefs-d'œuvre.

Exercice Les pronoms relatifs composés

Complétez les phrases avec le pronom relatif composé qui convient.

1. Vous connaissez la personne .... je pense pour ce poste : c'est Claude.

2. Le sujet à propos .... nous nous sommes disputés est sans importance.

3. Mon téléphone portable ? C'est un outil sans .... je ne pourrais pas travailler, je t'assure !

4. Les amis .... tu as adressé ton invitation la recevront dans deux jours.

5. La montagne au sommet .... nous sommes parvenus dominait une vallée magnifique.

6. La revue .... je suis abonné m'apporte une foule de connaissances passionnantes.

7. Patrick et Gérald sont des amis sur .... je peux toujours compter.

8. Les personnes .... je me suis adressé n'ont pas pu me renseigner.

séquence 11

Argumenter

COMMUNICATION
- Repérer le thème dans un débat
- Prendre la parole
- Réfuter des arguments
- Employer des stratégies pour éviter d'argumenter

GRAMMAIRE
- Connecteurs dans l'argumentation
- Conditionnel passé

CULTURE : Le temps libre, le cinéma français

L'image aussi est un texte

Expression orale

Quelle est pour vous l'image la plus frappante ou la plus insolite ? Expliquez pourquoi.

• Mini-débats

Compréhension orale

Écoutez et, pour chaque enregistrement, repérez le thème du débat, puis les arguments pour et contre utilisés par les interlocuteurs.

Enr.	Thème du débat	Arguments pour	Arguments contre
1.	....	....	....
2.	....	....	....

• Et vous, qu'en pensez-vous ?

Compréhension écrite • Expression orale

Lisez les deux textes. Repérez les arguments donnés et dites de quelle position vous vous sentez le plus proche.

Les tags et les graffiti

AVANTAGES

Il faut tout d'abord faire la différence entre le tag (la signature) et le graff (la peinture murale).

Le graffiti est un langage pictural, un espace de liberté qui fait partie de la culture populaire.

Le graff permet de communiquer sur la place publique avec un maximum de gens. Le graffiti s'est développé dans la rue, comme les autres disciplines de la culture hip-hop – le rap, la dance. Alors que le rap est entré dans une logique industrielle et commerciale, le graffiti, lui, est resté fidèle à « la beauté du geste ».

En France, comme les artistes manquent de supports, ils décorent, avec l'autorisation des propriétaires, les camions de marché, les gares abandonnées, les bords d'autoroutes, les boutiques. Cela permet de rendre plus attrayants, plus colorés et plus gais, des zones industrielles ou des espaces abandonnés qui sont d'habitude laids et tristes.

La municipalité de Bagnolet, dans la banlieue parisienne, s'est montrée intéressée par le travail effectué par un collectif de graffeurs parisiens, les MAC, et a organisé un festival, le Kosmopolite, invitant les meilleurs peintres urbains français et internationaux à exposer.

INCONVÉNIENTS

Mais beaucoup de mairies ne font pas la différence entre tags et graff. Pour elles, c'est avant tout une dégradation illégale des murs de la ville. Elles doivent prévoir chaque année un budget de plus en plus important pour effacer les inscriptions et les dessins.

Les responsables de la SNCF ne savent plus quoi faire pour empêcher le « taggage » des trains. D'après un responsable de la commission propreté de la SNCF, « l'effacement des tags et graffitis dans les trains et les gares coûte plus de 5 millions d'euros. D'après un sondage, 85 % de nos usagers approuvent notre lutte contre les tags ».

D'une part les graffitis sur les vitres des trains empêchent toute visibilité, d'autre part les voyageurs se sentent en insécurité face à ces dessins aux couleurs très vives et aux formes souvent imposantes.

Certains graffitis peuvent être de toute beauté mais d'autres sont de véritables horreurs. Le graffiti peut être tout simplement une façon de se défouler, sans aucune recherche esthétique ou créativité. Enfin, quand le taggeur remplit son feutre d'acide qui ne s'efface pas, les dégâts relèvent de l'agression pure et simple.

● Bon, je te l'accorde !

Écoutez, repérez tout d'abord le thème du débat, puis remplissez la grille en repérant les arguments utilisés par Christine, par Gilles ou par les deux.

Arguments	Christine	Gilles	Christine et Gilles
1. Pense que les hommes ne s'impliquent pas beaucoup dans la vie culturelle.	❏	❏	❏
2. Affirme que les hommes s'intéressent à la gestion des associations et en ont besoin pour oublier leur travail.	❏	❏	❏
3. Pense que les femmes ont une action plus concrète.	❏	❏	❏
4. Trouve que les hommes préfèrent diriger.	❏	❏	❏
5. Trouve que les femmes sont plus actives que les hommes dans les associations.	❏	❏	❏
6. Pense que les hommes et les femmes s'impliquent différemment.	❏	❏	❏
7. Pense que les hommes et les femmes ont des centres d'intérêt différents.	❏	❏	❏
8. Pense qu'ils pourraient trouver une activité commune.	❏	❏	❏

● Quand on n'a plus d'arguments...

Écoutez et repérez les stratégies utilisées pour éviter d'argumenter.

Les stratégies	Enr.
• Continuer à parler sans répondre à l'interlocuteur.	....
• Se moquer de son interlocuteur.	....
• Répéter le même argument.	1
• Ne proposer qu'une solution.	....
• Menacer l'interlocuteur.	....
• Répondre en posant une question.	....

grammairecommunicationgrammairecommunication

LE CONDITIONNEL PASSÉ

MORPHOLOGIE

Le conditionnel passé est formé de l'auxiliaire *avoir* ou *être* au conditionnel et du participe passé :

Si j'avais eu un peu de temps hier, je serais allé te voir. / Nous aurions sûrement pu trouver une solution avec un peu de bonne volonté.

EMPLOIS

1. Le conditionnel passé est utilisé dans la structure *si* + plus-que-parfait ... conditionnel passé :

Si vous m'aviez parlé de vos difficultés, j'aurais pu vous aider. (Cet exemple signifie : Je n'ai pas pu vous aider parce que vous ne m'avez pas parlé de vos difficultés.)

Le plus-que-parfait et le conditionnel passé renvoient à des événements qui n'ont pas eu lieu dans le passé. Selon la situation, on exprime le reproche (comme dans l'exemple), le regret ou on se justifie de n'avoir pas fait quelque chose :

Si tu me l'avais dit plus tôt, je t'aurais prêté de l'argent, tu n'aurais pas été obligé d'en emprunter à ta banque.

2. On peut également utiliser le conditionnel passé sans *si*. Il exprime aussi un reproche, un regret :

Tu étais malade hier ? Tu aurais pu me prévenir. / J'aurais dû appeler Pierre avant de prendre une décision. / Il aurait fallu traiter ce problème autrement. / J'aurais bien voulu te téléphoner, mais j'avais oublié mon portable.

3. Conditionnel journalistique

Le conditionnel passé permet de présenter un événement passé dont on n'est pas absolument certain :

D'après certaines informations, le patronat et les syndicats auraient signé un accord hier matin.

Exercice   Le conditionnel passé

Complétez les phrases en fonction du sens en utilisant *vouloir, pouvoir, savoir, falloir, devoir.*

1. Jacques n'est pas venu à la réunion ? Il .... faire un effort, c'est la deuxième fois ce mois-ci.

2. Vous voulez un rendez-vous demain ? Vous .... me prévenir plus tôt, je suis pris toute la journée.

3. Tu .... vérifier ce document avant de l'envoyer.

4. J'................... plus tôt que tu passais deux jours à Paris, nous aurions dîné ensemble.

5. J'................... bien .... aller avec vous à Barcelone, mais j'ai vraiment trop de travail.

6. Il .... contacter votre assurance tout de suite après l'accident.

Exercice   Le conditionnel passé

Faites correspondre deux éléments pour faire une phrase.

1. Si j'avais compris ta question,
2. Si vous m'aviez téléphoné avant de venir,
3. Si vous aviez fait une réservation,
4. Si j'avais eu plus de temps,
5. Si j'avais vu ce livre,
6. Si nous avions loué une voiture,

a. j'aurais pu vous donner une meilleure table.
b. j'aurais pu visiter le musée.
c. je l'aurais acheté.
d. nous serions allés déjeuner à la campagne.
e. je vous aurais expliqué comment arriver facilement.
f. je t'aurais répondu avec précision.

Si j'ai bien compris

Compréhension orale

Écoutez ce que les personnes interviewées pensent de la France et des Français. Notez les arguments donnés par l'interviewé(e). Notez ensuite la formule utilisée par le / la journaliste pour reprendre ou résumer les arguments de son interlocuteur.

Enr.	Arguments donnés	Formule utilisée
1.	....	....
2.	....	....
3.	....	....

grammairecommunicationgrammairecommunication

POUR REFORMULER UN ARGUMENT ET VÉRIFIER QUE L'ON A COMPRIS

Dans la discussion, vous pouvez reprendre les arguments de votre interlocuteur en les reformulant.
• Pour vérifier que vous avez compris :
– Si je comprends bien / Si j'ai bien compris ce que tu as / vous avez dit...
– Quand tu affirmes que / vous affirmez que...
– Si je te / vous suis bien...
  Si je comprends bien, ce qui vous a marqué à l'époque, c'était l'avance technologique.
• Pour conclure une discussion :
– Pour te / vous résumer...

Pour vous résumer, ce qui vous intéresse chez les Français, c'est la somme de leurs contradictions, de leurs défauts et de leurs qualités.
• Pour insister sur le point de vue de votre interlocuteur :
– (Alors) selon toi / vous...
– D'après toi / vous...
– Pour toi / vous...
  Pour vous, la France est avant tout un lieu de souvenirs littéraires.
  Selon vous, les Français sont à la fois stylés et vulgaires.

• Rubriques

LA DICTÉE DE PIVOT

Lisez le document et dites si les affirmations suivantes sont vraies ou fausses ou si elles n'apparaissent pas dans le texte (*vrai / faux / ?*).

La dictée...
parce que c'est un jeu

Entretien avec Bernard Pivot

Françoise Ploquin : *« La dictée de Pivot » est une institution française qui s'exporte bien grâce à TV5. Quelle est votre position par rapport à la réforme de l'orthographe de 1990 ?*

Bernard Pivot : Je faisais partie de la Commission de réforme. J'étais favorable aux modifications touchant au pluriel des noms composés, aux traits d'union, à la rectification des bizarreries. Je trouvais très bien qu'on fasse un peu de ménage dans la langue. [...] Mais quand on a voulu s'attaquer à l'accent circonflexe, je me suis désolidarisé de la commission. Je suis très proche des écrivains, je les connais bien. Je savais qu'ils refuseraient parce qu'en supprimant les accents circonflexes on touchait à l'esthétique de la langue. Et c'est exactement ce qui s'est passé. Il y a eu une révolte des écrivains, des écrivains de gauche en particulier. [...]

F. P. : *Les difficultés de l'orthographe découragent bien des écoliers français et constituent un handicap pour les étrangers qui veulent apprendre le français.*

B. P. : On peut regretter que parfois la langue soit [bizarre]. Mais croyez-vous que si on [simplifiait] les règles, on verrait arriver des bataillons d'étudiants qui tout d'un coup voudraient apprendre le français ? Ceux qui aiment le français l'apprennent tel qu'il est même s'il est un peu difficile.

Les justifications économiques sont autrement importantes dans le choix d'une langue étrangère. [...]

F. P. : *Qu'est-ce qui vous plaît dans l'exercice de la dictée ?*

B. P. : C'est le jeu. Les gens aiment s'amuser avec les mots. Voyez les succès des mots croisés, du Scrabble, des « Chiffres et des lettres ». Avec les dictées, ils s'amusent en famille, que ce soient les candidats ou les téléspectateurs. C'est une façon aussi de les inciter à consulter le dictionnaire, à s'y perdre comme on se perd dans un roman. Je pense que ces dictées redonnent aux gens le goût des mots. Si ça améliore leur orthographe tant mieux, mais aujourd'hui les ordinateurs sont munis de correcteurs orthographiques et remettent les textes d'aplomb. En revanche, ce que ne fait pas l'ordinateur, c'est de donner du style. Il vaut mieux savoir rédiger plutôt que de seulement savoir l'orthographe des mots. L'orthographe n'est pas la valeur suprême. On peut être un très grand écrivain et commettre des fautes d'orthographe.

Néanmoins, apprendre la grammaire, l'orthographe ouvre l'esprit des enfants. [...]

F. P. : *Comment enseigner l'orthographe ?*

B. P. : Je trouve ça très drôle de faire des dictées ; il y a une façon distrayante d'enseigner les règles. J'avais un professeur qui nous disait : « Je vais vous apprendre des choses très amusantes : ce sont les mots de la langue française. Vous voyez. Regardez la grenouille, elle coasse parce qu'elle est dans l'eau [o] ; le corbeau croasse parce qu'il est dans l'air [r]. » Le professeur s'amusait avec les mots. L'essentiel, c'est de prendre plaisir même avec les choses un peu tarabiscotées de la langue française.

La dictée est un jeu. Ce qui m'irrite, c'est qu'on en parle aussi sérieusement. [...] J'aimerais qu'on aborde la question de l'orthographe avec distance, avec humour. On me parle toujours des fautes d'orthographe dans une lettre d'embauche mais on n'en parle jamais dans une lettre d'amour, dans les cartes postales ; ça peut être embêtant aussi tout en n'étant pas criminel ! Gardons de la bonne humeur et savourons le plaisir de la langue.

Le français dans le monde,
n° 313 - Janvier-février 2001,
pages 65, 66.

	VRAI	FAUX	?
1. Bernard Pivot était d'accord avec toutes les modifications proposées par la Commission de réforme de l'orthographe.	❏	❏	❏
2. Son point de vue sur certaines questions était le même que celui des écrivains, de gauche en particulier.	❏	❏	❏
3. Selon lui, la simplification de l'orthographe inciterait plus d'étudiants à apprendre le français.	❏	❏	❏
4. Les élèves étrangers adorent faire des dictées et s'inscrivent en grand nombre à la dictée de Bernard Pivot.	❏	❏	❏
5. Les gens aiment la dictée parce qu'ils aiment la difficulté.	❏	❏	❏
6. La dictée incite les gens à rechercher la signification et l'orthographe de certains mots.	❏	❏	❏
7. Il est plus important de connaître l'orthographe des mots que de savoir bien rédiger.	❏	❏	❏
8. Les bons écrivains ne font jamais de fautes d'orthographe.	❏	❏	❏
9. On ne peut pas apprendre les règles en s'amusant.	❏	❏	❏
10. Il est plus gênant de faire des fautes d'orthographe dans une lettre d'amour que dans une lettre d'embauche.	❏	❏	❏

BROUILLON D'ÉCRIVAIN

Lisez ce vers et dites quelle couleur évoque chaque voyelle.

Vers tiré du poème d'Arthur Rimbaud, *Voyelles*.

A noir, E blanc, I rouge, U vert, O bleu : voyelles,

Radio ou télé ?

Écoutez l'enregistrement. Notez les arguments d'Yves au sujet de la radio et ceux d'Évelyne au sujet de la télévision. Puis reformulez ces arguments en les résumant.
Et vous, que préférez-vous ?

Arguments d'Yves	Arguments d'Évelyne
....	....
....	....

Je soutiens au contraire que...

Lisez l'interview de ce metteur en scène français. Relevez les arguments du journaliste, les contre-arguments du metteur en scène et les termes utilisés pour introduire les contre-arguments.

Le journaliste : Cette année a été l'année record pour le cinéma français. En Italie, huit cent mille spectateurs sont allés voir Le Pacte des Loups, *autant d'Allemands ont vu* Les Rivières pourpres *et plus de deux millions d'Américains sont allés voir et revoir* Le fabuleux destin d'Amélie Poulain. *Qu'est-ce que cela vous inspire ?*
Le metteur en scène :
J'ai du mal à penser au cinéma en terme de compétition. Je ne pense pas que ce soit une bonne approche Le mot « record » me gêne. Si beaucoup de monde va voir des films français, je reconnais que c'est certai

nement très bien pour l'industrie du film, et je ne vais pas m'en plaindre. En fait, en tant que spectateur, je me moque de savoir d'où viennent les films.
Le journaliste : Je trouve qu'il y a un changement dans le contenu des films français. Il y a actuellement de moins en moins de films « intellectuels », *mettant en scène des gens qui parlent interminablement dans des cafés. Il y a de plus en plus de scènes d'action. On a l'impression que le cinéma français est enfin capable de toucher un large public. Qu'en pensez-vous ?*
Le metteur en scène :
Je soutiens au contraire qu'il n'y a pas de changement concernant le contenu. L'illusion d'un changement vient peut-être de la plus grande diversité des films produits depuis deux ans, comme *Taxi 2, La vérité si je mens !, Mission Cléopâtre*, sans oublier *Amélie Poulain* !

Arguments du journaliste	Contre-arguments du metteur en scène	Termes utilisés pour introduire le contre-argument
....	....	....
....	....	....

grammairecommunicationgrammairecommunication

DIRE QU'ON N'EST PAS D'ACCORD ET INTRODUIRE UN CONTRE-ARGUMENT

• Dans une discussion, vous pouvez vous opposer directement à l'opinion de votre interlocuteur :

– *Absolument pas.*

– *Bien sûr que non.*

– *Ce n'est pas vrai.*

> – *Le contenu des films français a changé.*
> – *Ce n'est pas vrai.*

> – *Il y a une plus grande diversité dans la production française.*
> – *Absolument pas.*

• Vous pouvez exprimer votre désaccord et introduire un contre-argument :

– *Je ne suis pas d'accord : ...*

– *Je crois que non : ...*

– *Je pense / Je crois / Je soutiens au contraire que...*

– *Je ne partage pas votre / ton avis.*

> – *Le contenu des films français n'a pas changé.*
> – *Je ne suis pas d'accord, il a vraiment changé, ainsi il y a plus de films d'action qu'avant.*

– *Je crois que non ; on ne fait plus de films « intellectuels » aujourd'hui.*

• Vous pouvez insister sur le fait que votre interlocuteur se trompe (les expressions qui suivent sont classées du plus faible au plus fort) :

– *Tu as / Vous avez tort...*

– *Tu oublies / Vous oubliez que...*

– *Vous plaisantez ! / Tu plaisantes !*

– *Jamais de la vie !*

– *Et puis quoi encore ?*

> *Vous avez tort de dire que les Français ne pensent qu'aux vacances !*
> *Vous oubliez que les Français ont un taux de productivité élevé !*
> *Vous pensez que les Français ne travaillent pas assez ? Vous plaisantez ?*
> *Vous voulez supprimer les 35 heures ? Et puis quoi encore ?*

Débat

Compréhension orale

Écoutez et cochez ce que fait le modérateur (personne qui organise le débat).

	OUI	NON
1. Il salue le public.	❑	❑
2. Il se présente.	❑	❑
3. Il présente le thème du débat.	❑	❑
4. Il présente les intervenants.	❑	❑
5. Il fait de l'humour.	❑	❑
6. Il illustre le thème du débat.	❑	❑
7. Il donne la parole aux intervenants.	❑	❑
8. Il reformule ce que dit un intervenant.	❑	❑
9. Il donne son avis.	❑	❑
10. Il coupe la parole à un intervenant.	❑	❑
11. Il fait une synthèse de ce qui a été dit.	❑	❑
12. Il donne une conclusion.	❑	❑
13. Il remercie les intervenants.	❑	❑

• Débattre

1. Choisissez un thème dans le tableau ci-dessous.

Vie personnelle et sociale	Vie professionnelle et études	Vie culturelle et loisirs
• Le respect de l'environnement. • La surveillance des lieux publics par des caméras. • L'âge du droit de vote. • L'argent de poche des enfants. • Les animaux domestiques : avantages et inconvénients.	• Travailler moins ou gagner plus ? • L'âge de la fin de la scolarité obligatoire. • Diplômes : nécessaires ou non ? • Étudier à l'étranger ou dans son pays : avantages et inconvénients. • Salarié ou travailleur indépendant ?	• Le doublage des films étrangers. • L'information : presse écrite ou télévision ? • Le budget consacré à la recherche scientifique. • Les vacances : à l'étranger ou dans son pays ? • L'adaptation des romans au cinéma.

2. Préparez le débat :

– précisez le thème et les sous-thèmes du débat ;
[PAR EXEMPLE :

Thème : Le respect de l'environnement.
Sous-thèmes : Le progrès est-il forcément négatif pour l'environnement ? / Faut-il modifier complètement nos modes de transport pour préserver l'environnement ? / Une éducation à l'écologie devrait-elle être obligatoire ?]
– recherchez des informations sur le thème ;
– précisez le rôle de chacun des acteurs du débat à partir de la fiche ci-dessous.

LES RÔLES DES PARTICIPANTS DU DÉBAT

• **Le modérateur ou président de séance** : il organise le débat, pose les questions, donne la parole, règle les interventions. Il gère le temps de parole de chacun, fait avancer le débat, précise un point, résume, propose les différents sous-thèmes.
• **Les intervenants** : ils apportent leur point de vue en fonction de leur expérience, de leurs activités, de leur spécialité...

• **Le public** : il intervient à la fin du débat, lorsque le modérateur ouvre la discussion.
• **Les secrétaires de séance** : ils s'occupent de prendre des notes pour rédiger une note de synthèse distribuée à la classe.
• **Les rapporteurs** : ils présentent la synthèse préparée par les secrétaires de séance et donnent, éventuellement, des compléments d'information.

3. Mettez en place le débat :

– choisissez le modérateur, les secrétaires de séance, les rapporteurs et répartissez les rôles de chacun ;
– choisissez les identités des participants du débat.

4. Réalisez le débat.

séquence 12

Pratique des discours

COMMUNICATION
- Donner des conseils
- Répondre à une lettre personnelle
- Exprimer ses goûts
- Récit : la nouvelle

CULTURE : Les fêtes
Littérature : Marguerite Duras

Conseils pour passer un examen

Compréhension orale • Expression écrite

Écoutez les deux enregistrements, prenez des notes, puis rédigez une petite fiche avec au moins cinq conseils pour l'oral et cinq pour l'écrit, puis comparez votre fiche avec celles de vos camarades.

• Fêtes

Compréhension orale • Compréhension écrite • Expression orale

Écoutez la première série d'enregistrements et dites, pour chaque personne, quelle est la fête la plus importante.

Écoutez la deuxième série d'enregistrements et dites à quelle fête on fait référence.

Comparez le calendrier de votre pays avec le calendrier français. Faites un tableau des fêtes les plus importantes dans votre pays.

Dites quelle fête vous préférez et pourquoi.

LES FÊTES EN FRANCE

Il y a en France 11 jours fériés, c'est-à-dire 11 jours où on ne travaille pas.

Il y a des fêtes légales civiles :
• Le jour de l'An : 1er janvier.
• Le 1er Mai : la fête du Travail. On peut acheter du muguet dans les rues et il y a un défilé organisé par les syndicats.
• Le 8 Mai : c'est l'Armistice de la Deuxième Guerre mondiale.
• Le 14 Juillet : c'est la fête nationale, jour de la prise de la Bastille en 1789. Il y a un bal populaire, un défilé militaire et des feux d'artifice.
• Le 11 Novembre : c'est l'Armistice de la Première Guerre mondiale. Il y a une cérémonie devant le monument aux morts et on dépose une gerbe de fleurs à la mémoire des hommes morts dans ce conflit.

Les fêtes légales religieuses :
• Le lundi de Pâques : lendemain de Pâques. C'est la résurrection du Christ, on offre des œufs en chocolat (que l'on cache) aux enfants.
• L'Ascension : 40 jours après Pâques. C'est toujours un jeudi, c'est l'élévation du Christ au ciel.
• Le lundi de Pentecôte : lendemain de la Pentecôte. C'est la descente du Saint-Esprit sur les apôtres.
• Le 15 août : fête de la Vierge.
• Le 1er novembre : fête de tous les saints. Les Français se rendent dans les cimetières pour honorer les morts et déposent des chrysanthèmes sur les tombes.
• Le 25 décembre : Noël, c'est la naissance du Christ, c'est une fête familiale. Les catholiques pratiquants vont à la messe de minuit ; on met un sapin pour décorer la maison. Les enfants croient que le père Noël leur apporte des cadeaux. Le repas traditionnel comprend une dinde et une bûche de Noël.

Il y a d'autres fêtes...
• Les Rois mages (l'Épiphanie) : le 1er dimanche suivant le 1er janvier. On tire les rois : on mange une galette dans laquelle est cachée une fève. Celui qui trouve la fève sera couronné(e) roi (ou reine) et choisit sa reine (ou son roi).
• Mardi gras (carnaval) : on se déguise, il y a des défilés de carnaval.
• La Saint-Valentin : 14 février. C'est la fête des amoureux qui échangent des cadeaux.
• La fête des Mères : fin mai.
• La fête des Pères : juin.
• La fête de la Musique : cette fête existe depuis 1982, elle a lieu le 21 juin, il y a de la musique dans les rues.

... et aussi toutes les fêtes familiales :
Naissance, baptême, mariage, anniversaire...

• Fêtes de quartier

Compréhension écrite • Compréhension orale • Expression orale

Lisez le document et écoutez les interviews. Les mêmes expériences vous sont-elles arrivées ? Dites comment sont les relations de voisinage dans votre pays.

Le chien qui fait ses besoins devant votre porte, l'adolescent qui ne dit pas bonjour, le voisin du 6e étage qui fume dans l'ascenseur, la radio du jeune couple du rez-de-chaussée, les travaux du dimanche matin, le chat qui miaule du matin au soir, le bruit de chaussures sur le parquet à 6 heures du matin, etc. Voilà ce que l'on connaît de ses voisins sans savoir comment ils s'appellent...

C'est le jour de parler à vos voisins

Rencontres. Quatrième édition aujourd'hui de l'opération « Immeubles en fête » qui invite à boire l'apéritif avec ses voisins. En France, l'idée gagne du terrain. Pas inutile, si on en juge par notre plongée dans un immeuble du XVIIe arrondissement.

[...] Même ponctuelle, même sans lendemain, même utopique, l'opération « Immeubles en fête » a l'immense mérite de lutter contre l'individualisme ambiant. « Aujourd'hui, on court tout le temps, on n'a plus le temps de rien. On ne sait même plus dire les choses simplement aux gens.

Portes blindées, digicode, interphone : voilà nos outils. Nous voulons tellement être tranquilles que le voisin est perçu comme celui qui dérange, alors qu'il peut être une vraie chance », explique Atanase Périfan, président fondateur de l'opération. [...]

Charles de Saint Sauveur, *Le Parisien*, 27/05/2003.

• Cubitus

Compréhension écrite

Remettez les vignettes dans l'ordre.

a

b

c

d

e

f

g

h

i

• Peut-on définir l'intelligence ?

1. Prenez connaissance des définitions. Êtes-vous d'accord avec la classification en sept formes d'intelligence ? Y en a-t-il d'autres ?

1

En 1983, le psychologue Howard Gardner, professeur à l'université de Harvard, a défini sept formes d'intelligence :

1 - L'intelligence spatiale qui est la capacité à se représenter l'espace, à s'y diriger, à le manipuler mentalement comme le font les aveugles.

2 - L'intelligence linguistique qui est la capacité à manipuler les mots et les phrases, à parler plusieurs langues, à se servir de tous les raffinements du langage, oral ou écrit.

3 - L'intelligence musicale, définie comme la capacité à exécuter ou composer des morceaux de musique complexes à un âge précoce.

4 - L'intelligence corporelle, qui est la capacité à utiliser son corps avec précision, comme le font les sportifs de haut niveau.

5 - L'intelligence logico-mathématique se définit comme la capacité à manier des concepts abstraits des mathématiques, à se sentir à l'aise avec l'algèbre ou la géométrie.

6 - L'intelligence intime ou intrapersonnelle est la capacité à analyser ses sentiments, à les maîtriser, à les expliquer.

7 - L'intelligence sociale ou interpersonnelle est la capacité à comprendre les autres, leurs différences, leurs similitudes, leurs motivations.

Compréhension écrite • Expression orale

2

ÉVALUEZ-VOUS

2. Quelles sont vos formes d'intelligence ? Pour le savoir, évaluez-vous.

Avez-vous une intelligence spatiale (Sp), linguistique (L), musicale (M), corporelle (C), logico-mathématique (LM), intime (I), sociale (So) ?

Sp

○ À mon avis un schéma, un dessin vaut mieux qu'une explication.
○ Je peux refaire un trajet complet que je n'ai pas fait depuis longtemps.
○ J'ai des images dans ma tête quand je pense à quelque chose.
○ J'adore faire des puzzles.
○ Dans les réunions, quand je m'ennuie, je dessine des figures géométriques.

L

○ Je recherche toujours le mot juste et correct quand je m'exprime.
○ J'invente facilement des rimes.
○ J'adopte facilement l'accent des gens de la région où je me trouve.
○ Dès que j'en ai le temps, je prends un livre.
○ J'aime bien jouer avec les mots.

M

○ Je chante toujours quand je suis sous la douche.
○ Quand j'écoute une musique, je ferme les yeux pour m'en imprégner.

○ Je reconnais une chanson dès les premières notes.
○ Je me souviens des mélodies, même très anciennes.
○ Quand j'entends de la musique, je bats la cadence avec les pieds.

C

○ J'aime bricoler et je le fais bien.
○ Je ne confonds jamais ma gauche et ma droite.
○ J'apprends facilement de nouvelles danses.
○ Je repère très vite les épices utilisées dans un plat.
○ Je manipule les petits objets avec délicatesse.

LM

○ Quand un appareil tombe en panne, j'imagine assez rapidement ce qui ne va pas.
○ Dans un roman policier, je trouve tout de suite qui est le coupable.
○ J'aime les jeux de stratégies et je gagne souvent à ces jeux.
○ Je peux passer des heures à essayer de résoudre un problème.

○ J'utilise souvent les expressions suivantes :
« donc »,
« par conséquent »,
« a priori »,
« a posteriori »,
« étant donné que ».

I

○ Quand je ne suis pas bien, je sais toujours pourquoi.
○ J'ai très souvent confiance en moi.
○ Je connais mes limites.
○ J'ai des points de vue mûrement réfléchis sur des questions très discutées.
○ Je réfléchis souvent à ce que j'ai fait, à ce que je vais faire.

So

○ On vient vers moi quand il y a un conflit à résoudre.
○ Je travaille mieux en équipe que seul.
○ J'aime bien travailler avec les gens différents de moi.
○ Je sors souvent en groupe.
○ J'aime organiser des activités pour les autres.

Ni oui ni non

Expression orale

Travaillez par groupes de deux. Choisissez un thème dans la liste ci-dessous. Préparez une liste de questions à poser. Les questions doivent logiquement amener une réponse par oui ou par non (exemples : *Tu aimerais avoir une télévision dans ta chambre ?, Est-ce que tu vas voir des films en français ?*, etc.).
Posez vos questions à votre camarade qui ne doit jamais dire *oui* ou *non*. S'il dit *oui* ou *non*, il a perdu. Inversez les rôles.

THÈMES À CHOISIR

Pour ou contre ? D'accord ou pas d'accord ?

- La télévision dans la chambre.
- Les vacances en famille.
- Les films en version originale.
- Les sorties en groupe.
- Les obligations familiales.
- Les courses dans les supermarchés.
- Travailler pendant les vacances pour gagner de l'argent de poche.
- La musique rap.
- Les examens de français.

À la place de ***oui***, on peut dire...

- C'est cela ...
- Absolument !
- Tout à fait !
- Certainement.
- En effet.
- Sans doute.
- Peut-être.
- C'est juste.
- On peut dire ça.
- Correct.
- C'est vrai.
- C'est exact.
- Presque...

À la place de ***non***, on peut dire...

- Mais pas du tout !
- En aucun cas !
- Je ne pense pas.
- Un peu.
- Pas beaucoup.
- Ce n'est pas ça.
- Tu te trompes.
- Jamais de la vie !
- Pas forcément.
- Pas toujours.
- C'est faux.
- Pas exactement.
- Impossible !
- Certainement pas !

Vous avez aimé et pourquoi ?

Expression orale

Vous choisissez un livre que vous avez lu et vous avez une minute pour expliquer pourquoi vous l'avez aimé.

Écriture d'une nouvelle

Vous trouverez ci-dessous la trame d'une nouvelle. Vous choisirez, en groupes, de développer un chapitre en deux ou trois pages, puis vous assemblerez tous les chapitres.

CHAPITRE I

Trois amis, François, Mario et Kader passent des vacances dans la maison du grand-père de Mario, il vient d'en hériter. Elle se trouve dans un village du Haut Jura, Le Crêt à l'âne, proche de la frontière suisse. En rangeant la maison, ils découvrent un coffre en bois qui contient deux photos jaunies, une vieille carte postale d'un village italien, une enveloppe avec une adresse en Espagne, à Barcelone, le nom d'un arrière-grand-oncle de Mario, écrit sur un morceau de papier.

CHAPITRE II

Nos trois héros décident d'en savoir plus et ils vont se répartir les recherches dans les différents lieux : le village de San Pietro en Sicile, Barcelone, un village voisin où vit un homme de 95 ans qui a connu l'ancêtre de Mario.

CHAPITRE III

Chacun part mener son enquête : Mario en Sicile, Kader, à Barcelone, et François part sur les traces de l'ancêtre de Mario.

Léon Faubert — Un arrêt plus loin et d'autres nouvelles — BIBIER

CHAPITRE IV

Ils se retrouvent au Crêt à l'âne pour mettre en commun leurs découvertes.
Toutes les pistes les mènent à un ancien maçon qui vit en Suisse, ils décident donc d'aller le rencontrer.

CHAPITRE V

Maximo Giulia les accueille avec sympathie, comme s'il les attendait. Il leur raconte l'histoire de la famille de Mario, originaire de San Pietro, qui a émigré au XIXe siècle à Barcelone. Là, la famille fait fortune, mais Guiseppe, un des ancêtres de Mario est compromis dans une affaire politique. Toute la famille de Mario décide alors de fuir et finit par s'installer dans le Haut Jura.
Maximo Giulia leur conseille aussi d'explorer l'intérieur de l'énorme cheminée de la maison du Crêt à l'âne…

CHAPITRE VI

À vous de l'imaginer !

Littérature : Marguerite Duras

Lisez les quatre textes de Marguerite Duras, puis écoutez les quatre enregistrements et dites pour chacun quel texte ils évoquent.

Enregistrement n° ...

Jeanne Moreau

India Song

Chanson,
Toi qui ne veux rien dire
Toi qui me parles d'elle
Et toi qui me dis tout
Ô, toi,
Que nous dansions ensemble
Toi qui me parlais d'elle
D'elle qui te chantait
Toi qui me parlais d'elle
De son nom oublié
De son corps, de mon corps
De cet amour-là
De cet amour mort

Chanson,
De ma terre lointaine
Toi qui parleras d'elle
Maintenant disparue
Toi qui me parles d'elle
De son corps effacé
De ses nuits, de nos nuits
De ce désir-là
De ce désir mort

Chanson,
Toi qui ne veux rien dire
Toi qui me parles d'elle
Et toi qui me dit tout
Et toi qui me dit tout

Paroles : M. Duras.
Musique : Alessio, 1965.

Enregistrement n° ...

C'était ça les transports : même d'un désert, où rien ne pousse, on pouvait encore faire sortir quelque chose, en le faisant traverser à ceux qui vivent ailleurs, à ceux qui sont du monde.

Cela dura huit jours. Le cheval était trop vieux, bien plus vieux que la mère pour un cheval, un vieillard centenaire. Il essaya honnêtement de faire le travail qu'on lui demandait et qui était bien au-dessus de ses forces depuis longtemps, puis il creva.

Ils en furent dégoûtés, si dégoûtés, en se retrouvant sans cheval sur le coin de plaine, dans la solitude et la stérilité de toujours, qu'ils décidèrent le soir même qu'ils iraient tous les trois le lendemain à Ram, pour essayer de se consoler en voyant du monde.

Marguerite Duras, *Un barrage contre le Pacifique*, © Éditions Gallimard, 1950.

Compréhension écrite • Compréhension orale

Enregistrement n° ...

C'est donc pendant la traversée d'un bras du Mékong sur le bac qui est entre Vinhlong et Sadec dans la grande plaine de boue et de riz du Sud de la Cochinchine, celle des Oiseaux.

Je descends du car. Je vais au bastingage. Je regarde le fleuve. Ma mère me dit quelquefois que jamais, de ma vie entière, je ne reverrai des fleuves aussi beaux que ceux-là, aussi grands, aussi sauvages, le Mékong et ses bras qui descendent vers les océans, ces territoires d'eau qui vont aller disparaître dans les cavités des océans. Dans la platitude à perte de vue, ces fleuves, ils vont vite, ils versent comme si la terre penchait.

Marguerite Duras, *L'amant*, Minuit, 1985.

Affiche du film réalisé par Jean-Jacques Annaud, 1992.

Portrait de M. Duras âgée de 15 ans.

Enregistrement n° ...

On est en 1973.

Il tenait un journal à cette époque-là de sa vie et il dit avoir noté beaucoup de choses. Mais qu'ensuite, non. Qu'il a cessé. Qu'il a cessé peu après qu'elle ait commencé, elle, cette histoire, l'histoire d'amour.

Histoire sans images.
Histoire d'images noires.

Voici elle commence.
Elle lui téléphone en même temps que lui dans l'espace et dans le temps.
Ils se parlent.
Parlent.

– Ils se décrivent. Elle se dit être une jeune femme aux cheveux noirs. Longs.

– Il dit être un homme jeune aussi, blond, aux yeux très bleus, grand, presque maigre, beau.

– Elle lui parle de ce qu'elle fait. D'abord elle dit qu'elle travaille dans une usine. Une autre fois elle dit revenir de Chine. Elle lui raconte un voyage en Chine. [...]

– Il dit qu'elle parle très bien. Avec facilité. Qu'on ne peut pas éviter de l'écouter. De la croire.

– Il lui donne son numéro de téléphone. Elle, elle ne donne pas le sien.

– Non, elle, non.

Marguerite Duras, *Le navire night*, Mercure de France, 1979.

Chanson

Écoutez la chanson et dites ce que vous répondriez à certaines des questions de la chanson en expliquant vos choix.

Louise Attaque

Qu'est-ce qui nous tente ?

Qu'est-ce qui nous tente ?
Qu'est-ce qui nous donne ces envies ?
Qu'est-ce qui nous enchante,
qu'est-ce qui nous réveille la nuit ?
Souvent souvent c'est les certitudes,
de temps en temps c'est la solitude
Très peu pour moi les habitudes
sinon J'vais passer pour un con
Qu'est-ce qu'on en pense ?
Qu'est-ce qu'on se marre tous les deux
Qu'est-ce qu'on supporte ?
Qu'est-ce qui pourrait bien nous rendre heureux ?
Un souffle autour du cou,
un repas-ciné pour deux
Franchir le rubicond voire mieux
Sinon j'vais passer pour un...
Dans un sens partir vaut mieux

que de souffrir de négligence
On pourrait s'ouvrir dans tous les sens
Ça n'aurait plus d'importance
Qu'est-ce qui nous tente ?
Qu'est-ce qui nous donne ces envies ?
Qu'est-ce qui m'arrive ?
Qu'est-ce que je fais encore ici ?
J'ai bien plus d'habitudes
qu'on avait de certitudes
Et plus encore de solitude
que l'on avait pris d'altitude
Dans un sens partir vaut mieux
que de souffrir de négligence
On pourrait... dans tous les sens
Ça n'aurait plus d'importance
Faut pas se laisser gagner
par l'euphorie de croire
que l'on est un homme important.

• Compréhension orale

Écoutez l'enregistrement puis répondez aux questions.

1. Quelle phrase correspond le mieux à ce que vous avez entendu ?
❏ L'émission de Pierre Morin sert avant tout à faire vendre des livres.
❏ L'émission de Pierre Morin concerne essentiellement la littérature classique.
❏ L'émission de Pierre Morin permet a un auteur de défendre son livre.

2. En quoi l'émission de Pierre Morin est-elle originale ?
❏ Les critiques donnent leur avis sur un livre, en toute liberté.
❏ Les critiques ne savent pas qui est l'auteur invité à l'émission.
❏ L'émission permet au public de donner son avis.

3. Dites si les affirmations suivantes sont vraies ou fausses.

	VRAI	FAUX
1. Il s'agit d'une émission radiophonique.	❏	❏
2. L'émission traite de livres qui vont être publiés.	❏	❏
3. Les critiques n'ont pas une longue expérience de leur métier.	❏	❏
4. Les critiques n'hésitent jamais à donner leur avis.	❏	❏
5. Seuls les ouvrages récents sont traités dans l'émission.	❏	❏
6. Seuls les ouvrages de bande dessinée ne sont pas traités.	❏	❏
7. Les auteurs critiqués ne viennent pas à l'émission.	❏	❏
8. Le public aime cette émission qui permet de connaître les nouveaux livres.	❏	❏

• Compréhension écrite

Lisez les opinions de ces lecteurs au sujet de la musique techno et répondez ensuite aux questions.

Les Techno Parades se succèdent dans les capitales européennes et rassemblent des milliers de jeunes. Comment expliquer cet enthousiasme ? Est-ce seulement la musique électronique ou y a-t-il autre chose ?

Marie :
La techno n'a pas d'âme, ce sont des sons secs, issus d'un ordinateur. Par contre, le son des instruments traditionnels, joués par un être humain, est rond, plein, tout en nuance.

Josuah :
La techno n'est en aucun cas de la musique, c'est un bruit répétitif sans aucune mélodie. J'en viens à regretter les Beatles ! Autrefois, les musiciens, les chanteurs étaient des rebelles, des révoltés. Aujourd'hui, les concepteurs de la techno sont parfaitement assimilés au système et en profitent jusqu'au bout.

Samira :
Et en ce qui concerne la musique techno elle-même, les critiques sont toujours bonnes.
Ceux qui la critiquent ne connaissent pas tous les artistes qui participent au mouvement.

Suzy :
La techno, c'est du prêt à consommer, que l'on réchauffe au micro-ondes.
La techno est le nouvel opium du peuple.

Bruno :
La techno devient un phénomène social. Elle permet vraiment la créativité, même si elle est marginale.

Karine :
C'est facile de généraliser en disant que « c'est du prêt à consommer, que l'on réchauffe au micro-ondes » et ça prouve bien que la personne qui dit ça est étroite d'esprit voire qu'elle ne sait pas de quoi elle parle. Quand on dit des choses, on essaie de réfléchir avant de parler. C'est trop facile de critiquer la techno alors que l'on ne sait même pas ce que c'est !

Hugo :
Quand j'écoute une ballade de Miles Davis, ça me fait frissonner dans le dos. Quand j'écoute Keith Jarrett, mon cerveau prend son pied, c'est génial ! Quand j'écoute de la techno, j'ai l'impression de travailler à l'usine.

Orianne :
Berlioz a dit un jour : « La musique peut donner une idée de l'amour et l'amour c'est de la musique, pourquoi les séparer ? Ce sont les deux ailes de l'âme ». Écouter du Mozart ne rend cependant pas l'amateur de grande musique génial pour autant...

Olivier :
Même si certains styles de techno sont répétitifs et assez ennuyeux, il est faux de généraliser. Tous les styles de techno ne se ressemblent pas. Sinon, il n'y aurait eu qu'un char à la Techno Parade.

1. Quels sont ceux qui apprécient la musique techno, qui ne l'apprécient pas, qui ont un avis plus nuancé ou qui ne donnent pas leur avis ?

	Marie	Josuah	Samira	Suzy	Bruno	Karine	Hugo	Orianne	Olivier
Apprécie	❏	❏	❏	❏	❏	❏	❏	❏	❏
N'apprécie pas	❏	❏	❏	❏	❏	❏	❏	❏	❏
Nuance son avis	❏	❏	❏	❏	❏	❏	❏	❏	❏
Ne donne pas son avis	❏	❏	❏	❏	❏	❏	❏	❏	❏

2. Qui donne les arguments suivants ?

	Marie	Josuah	Samira	Suzy	Bruno	Karine	Hugo	Orianne	Olivier
La techno ressemble au rythme du travail.	❏	❏	❏	❏	❏	❏	❏	❏	❏
La techno est créative.	❏	❏	❏	❏	❏	❏	❏	❏	❏
L'amour et la musique sont inséparables.	❏	❏	❏	❏	❏	❏	❏	❏	❏
La techno est impersonnelle.	❏	❏	❏	❏	❏	❏	❏	❏	❏
Il y a différents styles de techno.	❏	❏	❏	❏	❏	❏	❏	❏	❏
C'est facile de critiquer.	❏	❏	❏	❏	❏	❏	❏	❏	❏
Les musiciens de techno sont des opportunistes.	❏	❏	❏	❏	❏	❏	❏	❏	❏
La techno est appréciée par les critiques.	❏	❏	❏	❏	❏	❏	❏	❏	❏
La techno anesthésie les esprits.	❏	❏	❏	❏	❏	❏	❏	❏	❏

• Production orale (en interaction)

Jeu de rôle à deux. Choisissez une émission, un film ou un livre que vous avez vu ou lu. L'un d'entre vous parle du contenu puis explique pourquoi il / elle a aimé ou non en donnant ses arguments, l'autre lui pose des questions et lui oppose ses propres arguments.

• Production écrite

Choisissez le personnage que vous appréciez le plus. Expliquez les raisons de votre choix en 100 mots maximum. (Vous pouvez aussi choisir un autre personnage.)

Catherine Deneuve, actrice.

Zinedine Zidane,
joueur de football.

Gérard Depardieu, acteur.

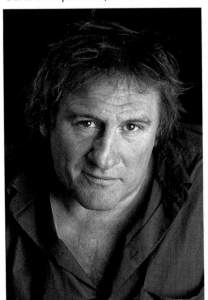

Transcriptions

Auto-évaluation

Page 8 : Compréhension orale
1. Vous prenez du sucre avec votre café ?
2. La direction vous souhaite la bienvenue. Cette semaine, nous proposons à notre aimable clientèle une réduction de 10 % sur tous les produits ménagers.
3. Le train en provenance de La Rochelle, prévu quai D à 20 h 30 arrivera quai B, à 21 h 30.
4. Demain matin, nous commencerons la journée par une visite du jardin des Tuileries. Puis, nous irons au Grand Palais voir l'exposition Gauguin. Après déjeuner, je vous propose une promenade le long de la Seine et enfin, le soir, direction l'Opéra pour un requiem de Verdi. Beau programme, non ?
5. Pour votre confort et votre sécurité, Voyage Plus vous propose un système de location de voitures, clés en main. Départ de votre domicile et retour de la voiture dans la ville de votre choix. À ne pas manquer ! Offre valable jusqu'à la fin du mois d'octobre.

PARCOURS 1

séquence 1

Page 13 : Nouvelle année
– Qu'est-ce que vous avez fait pour le Nouvel An ?
A. – On est allés chez des amis, tu sais, Paula et Jacques, il y avait ton cousin Joël et sa femme. On a beaucoup mangé, ils avaient fait un super repas, c'était très bon. On a dansé, on s'est bien amusés, c'était un bon début d'année !
B. – Cette année, j'ai fait quelque chose d'assez spécial. Je suis parti une semaine dans le Sud de l'Algérie marcher dans le désert. C'était un voyage organisé, c'était très agréable, j'étais bien content d'échapper aux fêtes de fin d'année. J'ai fait un vrai retour à la nature et en plus, les gens du groupe étaient sympas.
C. – On est sortis avec des copains, on était une vingtaine, on est allés au restaurant, puis après dans une boîte, on a dansé jusqu'à six heures du matin et à sept heures, on est allés prendre un café au bar de la Poste.
D. – Rien de spécial, comme tous les jours on a dîné en famille, puis on a regardé la télé... c'était très calme.

E. – Je suis allée à Paris chez une amie, on a dîné ensemble, puis on est sorties, on s'est promenées jusqu'à deux heures du matin ; il y avait du monde dans les rues, les gens étaient très gais, c'était vraiment sympa !

Page 14 : Démarches
– Pff... quelle semaine ! Samedi dernier, j'ai perdu mon portefeuille avec ma carte d'identité...
– Mais je croyais que c'était très facile de faire une carte d'identité maintenant !
– Tu parles ! J'ai passé ma semaine à courir dans des bureaux. C'est certainement facile de faire une carte d'identité quand tu as tous les papiers, mais si tu ne les as pas, quelle galère !
Je suis allée lundi à la mairie, on m'a donné un formulaire à remplir. Il me fallait un extrait de naissance, j'ai dû aller dans un autre bureau, mais c'était trop tard, ils venaient de fermer !
Mardi, je suis retournée à la mairie, j'ai obtenu mon extrait de naissance mais j'avais oublié de prendre un justificatif de domicile...
– Qu'est-ce que c'est ?
– Des papiers qui certifient que tu as un domicile fixe : une facture de téléphone, une facture d'électricité, une quittance de loyer, c'est-à-dire le papier que fait ton propriétaire quand tu payes ton loyer, il faut deux pièces différentes pour prouver que tu as un domicile.
Donc, mercredi, je suis retournée à la mairie pour la troisième fois, j'avais tout : le formulaire, l'extrait de naissance, le justificatif de loyer, les deux photos d'identité, enfin... je pensais que j'avais tout.
Quand j'ai perdu mon portefeuille, je n'ai pas fait de déclaration de perte à la police. Donc je suis allée au commissariat, j'ai attendu une heure pour avoir le papier de déclaration de perte ! Je suis retournée à la mairie et enfin, j'ai tout déposé, j'aurai ma carte dans trois semaines...
– Eh bien, tu vois il vaut mieux ne pas perdre son portefeuille, il y avait d'autres papiers importants dedans ?
– Non, enfin, je crois pas...

Page 16 : Je ne veux plus sortir avec toi !
– Allô ?
– Salut, Mathias, ça va ?
– Oui, et toi ?
– Oui ! Qu'est-ce que tu fais ce soir ?

– Oh, rien de spécial, j'ai un peu de travail.
– On pourrait sortir ?
– Ouais, je sais pas... je n'ai pas un bon souvenir de notre dernière sortie...
– Pourquoi ?
– Tu ne te souviens pas ? Tu as voulu aller dans un super resto et au moment de payer, tu avais oublié ta carte de crédit, ça m'a coûté cher, cette soirée !
– Allez, je te promets ; ce soir, c'est moi qui paie. On se retrouve au bar des Amis à 8 h ?
– Pas au bar des Amis : il y a quinze jours, je t'ai attendu pendant une heure, tu avais perdu tes clés de voiture !
– Ok ! Passe me chercher au bureau, alors.
– Bon, d'accord...

Page 19 : Quelqu'un m'a dit
Voir page 19.

séquence 2

Page 24 : Offres spéciales
1. – Qu'est-ce que tu cherches, comme voiture ?
– Oh ! une petite voiture... une voiture d'étudiant... une voiture pas chère !
– Combien tu veux y mettre ?
– Tu veux dire combien je peux y mettre... Pas plus de 1 200 €.
2. – Tu as vu ? J'ai changé de voiture...
– Ah bon ? Qu'est-ce que tu as acheté ?
– Une Scénic.
– Neuve ou d'occasion ?
– D'occasion, mais elle a peu de kilomètres.
3. – Et ben dis donc ! Tu ne te refuses rien !
– Oui, je sais, c'est une petite folie...
– C'est carrément le grand luxe...
– Sièges en cuir, jantes aluminium, toutes les options !
– Et ça marche bien ?
– Ah ! mon vieux, c'est rien de le dire !
– Et puis une décapotable, pour l'été, c'est génial !
4. – Qu'est-ce que vous cherchez, monsieur, comme voiture ?
– Une voiture familiale, spacieuse... vous comprenez, j'ai quatre enfants...
– Vous pensez acheter une voiture neuve ou d'occasion ?
– Hola ! d'occasion : je n'ai pas les moyens d'acheter une voiture neuve...
– Quelle somme pensez-vous pouvoir mettre dans cet achat ?
– 12 000 € maximum.

– Je vois... Je crois que j'ai ce qu'il vous faut...

Page 28 : La définition

Comment on appelle, en français, ces gros bateaux qu'on voit sur les rivières ?

Comment ça s'appelle cette espèce de rivière très calme où circulent les péniches ?

Comment s'appelle ce plat à base de poisson qu'on mange dans le midi, et en particulier à Marseille ?

Comment on appelle, en français, l'outil qui sert à planter des clous ?

Comment on appelle la personne qui fait les lunettes ?

Qu'est-ce que c'est, en français, la machine qui sert à couper l'herbe ?

Page 29 : Vivez sainement !

– Avant de vous examiner, je vais vous poser quelques questions sur vos habitudes de vie afin de vous connaître un peu mieux...

– D'accord.

– Vous dormez bien ?

– Ça dépend des périodes... Quand j'ai beaucoup de travail, des soucis professionnels, je suis plutôt insomniaque... je dors mal.

– Vous prenez des somnifères ?

– J'essaie d'éviter... mais ça m'arrive parfois.

– Est-ce que vous pratiquez un sport ?

– Je fais un peu de tennis, de temps en temps, avec un copain. Et puis, je cours une fois par semaine, le samedi ou le dimanche. Enfin, j'essaie de le faire régulièrement mais je n'y arrive pas toujours...

– Est-ce que vous surveillez votre alimentation ?

– Je fais attention de ne pas manger trop gras... J'évite la charcuterie, mais j'aime beaucoup le fromage... alors j'en mange à peu près à tous les repas. Et je suis très gourmand : j'aime beaucoup les desserts, les sucreries. Je ne peux pas résister devant la pâtisserie...

– Est-ce que vous fumez ?

– J'ai arrêté il y a cinq mois et six jours... C'est difficile, mais je tiens le coup...

Page 30 : Vous habitez chez vos parents ?

– Bonjour ! Je fais une enquête sur la situation des jeunes pour le magazine *La vie étudiante*. Vous voulez bien répondre à mes questions ? Vous avez quel âge ? Vous travaillez ou vous étudiez ? Vous habitez seul ou chez vos parents ?

1. – Ni l'un ni l'autre ! J'ai 23 ans, je suis au chômage et j'habite avec un copain.

2. – J'ai 20 ans, j'habite avec quatre amis, on a loué un grand appartement parce qu'à plusieurs, c'est moins cher. On partage tout. On fait tous des études, vous savez.

3. – Moi, j'ai 22 ans, je suis mariée depuis un an, j'ai un enfant, une petite fille, j'habite avec mon mari et ma fille. Je continue mes études, mais mon mari travaille.

4. – Bonjour, moi c'est Paulo, je suis encore au lycée, en terminale, je passe le bac cette année et j'habite chez mes parents. Si j'ai le bac, mon père m'a promis un studio.

5. – Nous, on a le même âge, 19 ans et on habite ensemble ici, parce qu'on vient tous les deux de province. Le week-end, je rentre souvent chez mes parents.

6. – Moi, j'ai 18 ans, j'habite seul, à la Cité universitaire, j'ai une bourse pour faire mes études.

7. – Lui, c'est Frédéric, moi, c'est Karima, on habite chez ses parents. Notre âge ? Fred a 20 ans et moi, 19.

séquence 3

Page 35 : Avoir 20 ans

1. – Moi, je me suis marié à 18 ans, à mon époque, on se mariait jeune... et je ne regrette rien.

2. – À 20 ans, je suis partie à l'aventure, j'ai fait le tour du monde pendant deux ans. C'était génial ! J'ai beaucoup appris.

3. – Moi, j'ai eu 20 ans hier, je suis allé à ma banque et j'ai ouvert un plan d'épargne pour la retraite.

4. – Moi, j'ai 20 ans, je viens de commencer des études d'ingénieur, j'en ai pour sept ans mais je suis sûre d'avoir une bonne situation.

Page 36 : À mon avis

1. – Tu crois que je peux inviter aussi les Martin à dîner ?

– À mon avis, ce n'est pas une bonne idée. Si tu les invites, on sera treize à table, et ils sont très superstitieux.

2. – Je l'attends depuis une heure. Il n'a pas l'habitude d'être en retard à ses rendez-vous. Tu ne penses pas qu'il lui est arrivé quelque chose ?

– C'est vrai, c'est bizarre, mais je ne crois pas qu'il lui soit arrivé quoi que ce soit. Il est très prudent en voiture.

3. Mes chers collègues, je vous ai réunis aujourd'hui pour vous annoncer une réorganisation de nos services. Mais ne vous inquiétez pas, je suis sûr que cette réorganisation donnera un second souffle à notre société.

4. – Alors, qu'est-ce que tu penses du dernier spectacle du cirque Bartabas ? Tu as aimé ? On m'a dit que c'était très bien !

– Je trouve que c'est génial ! Les chevaux sont superbes ! Je vais y retourner. Tu veux qu'on y aille ensemble ?

5. Pour moi, il n'y a pas trente-six solutions. Soit il accepte le salaire que je lui propose avec la possibilité d'une augmentation dans un an, soit il va travailler ailleurs ! Mais ça m'étonnerait qu'il trouve mieux ailleurs...

6. – D'après toi, comment elle a fait pour se faire inviter à la réception à l'Élysée ?

– Je ne sais pas mais il me semble qu'elle connaît la femme du cousin du frère du ministre des Transports.

Page 39 : Quel est le problème ?

1. – Je ne sais pas quoi faire. La voiture n'est pas assez grande pour emmener tout le monde pendant les vacances... Comment faire, tu as une idée ?

– Tu pourrais faire partir tes amis en train et prendre la famille en voiture ?

2. – J'ai une réunion ce soir au bureau et j'ai l'impression qu'elle ne finira pas avant 18 h. Je ne pourrai pas aller chercher Léa à la sortie de l'école. Tu pourrais y aller ?

– Non, tu as oublié que j'avais rendez-vous avec Antoine. Je vais téléphoner à Lætitia ; elle doit aller chercher son fils et je suis sûr qu'elle acceptera de garder Léa jusqu'à notre arrivée.

3. – J'ai une place de théâtre en trop. Qu'est-ce que je peux en faire ?

– C'est quelle pièce ?

– Le *Tartuffe* de Molière, à la Comédie française.

– Propose-la à Flo ! Je suis sûr que ça va l'intéresser. Elle adore les grands classiques.

4. – Je ne trouve plus mes papiers. Tu ne les as pas vus ? J'ai bien peur de les avoir perdus... ou alors on me les a volés.

– À ta place, je chercherais d'abord dans les endroits où tu es allé : ton bureau bien sûr, le restaurant où tu as déjeuné, et puis le fleuriste où tu m'as acheté ces jolies fleurs...

5. – Qu'est-ce que tu ferais à ma place ? Le patron m'a proposé une augmentation de salaire à condition d'aller diriger l'agence de Marseille.

– Si j'étais toi, je me renseignerais d'abord sur les conditions de travail à Marseille, sur les gens avec qui tu vas travailler. Tu pourrais avoir de mauvaises surprises...

6. – Ma voiture est en panne et les transports sont en grève. Je ne suis pas sûr d'aller au bureau demain. Mettre quatre heures aller-retour pour travailler six heures, c'est un peu absurde.

– Profites-en pour prendre un jour de congé. Tu en as bien besoin, tu as l'air crevé !

Page 39 : Exercice

1. – Alors, tu viens avec nous demain chez Marion ? On y va tous, il paraît qu'elle nous a réservé une surprise pour la fin de la soirée.

– Mais tu n'y penses pas ! Marion ? Elle dit du mal de tout le monde, c'est une vraie langue de vipère !

2. – Demain, je vais voir la voiture que Pierre vend. Il paraît qu'elle est en très bon état et en plus, il la vend à un bon prix. Je crois que je vais l'acheter !

– Ne fais surtout pas ça ! Tu sais comment il conduit ? Il a eu trois accidents avec cette voiture ! La dernière fois, il a dû changer la moitié du moteur !

3. – Alors voilà. J'avais enfin réussi à convaincre Marie de partir en vacances avec moi, j'avais acheté des billets pour le Mexique, pas chers du tout, en charter, sur Air Vacances, et devine ce qui m'arrive ? Je viens d'avoir un coup de fil du directeur de l'agence qui me dit que la compagnie a fait faillite... il n'y a plus d'avion et ils ne peuvent pas me rembourser ! Comme tu es avocat, est-ce que tu peux m'aider ?

– Attends, mais tu es bête ou quoi ? Tu seras remboursé, c'est écrit dans le contrat que tu as signé en achetant tes billets : « en cas de faillite de la compagnie, les billets seront remboursés dans le mois qui suit la date du départ prévu ». Je m'en occupe, ne t'inquiète pas. C'est quoi, le téléphone de ton agence ?

4. – Ce soir, nous nous retrouvons dans le hall de l'hôtel à 9 h. Soyez à l'heure ! Nous prendrons le métro direction pont de Sèvres et descendrons à pont de l'Alma pour prendre un bateau. Et nous dînerons sur le bateau qui va remonter la Seine jusqu'à Notre-Dame.

– Chouette, c'est super !

5. – Certains disent que les professeurs ont beaucoup de vacances, qu'ils n'ont pas beaucoup d'heures de travail dans la semaine et qu'ils partent tôt à la retraite. Je me demande pourquoi ceux qui font ces remarques n'ont pas choisi ce métier. Ils verraient que les choses ne sont pas aussi faciles et aussi simples.

– C'est aussi mon avis !

6. – Jérôme m'a dit qu'il n'avait pas pu venir à notre rendez-vous à cause de son travail. Il paraît que son patron lui a demandé au dernier moment de rester pour préparer la réunion du lendemain. Il ne pouvait pas refuser !

– Ah, bon... Le patron, c'est bien Roger, celui qui a une barbe et qui porte toujours des lunettes noires ?

– Oui, pourquoi ?

– Parce que si c'est lui, son histoire ne tient pas debout. J'étais justement avec Roger hier soir.

Page 41 : La vie en société

1. – Ah ! j'ai oublié d'appeler Martine pour l'inviter samedi ! Tu lui téléphones ?

– Tu as vu l'heure ? Il est 10 h, on l'appellera demain.

2. – Oh pardon ! Excusez-moi, je vous ai fait mal ?

– Non, non, ça va.

– Vraiment, je vous demande pardon, je n'avais pas vu votre pied.

– Mais je vous en prie, ce n'est pas grave, vous ne m'avez pas du tout fait mal.

3. Non mais, dis donc ! Tu n'es pas un peu fou de proposer des choses pareilles ?

4. – Papa ? Tu pourrais me passer le sel, s'il te plaît ?

– Tiens, le voilà. Ne sale pas trop, c'est mauvais pour la santé, je te l'ai déjà dit mille fois !

5. – Daniel, venez, je vais vous présenter monsieur Durand.

– Bonjour, monsieur ! Enchanté. Vous avez une superbe voiture... elle a dû vous coûter cher ! Vous gagnez combien par mois ?

– Non mais dites donc, ça ne vous regarde pas !

6. – Sophie ? Monsieur Breton est arrivé ? Ça fait une heure que je l'attends !

– Non, monsieur, pas encore.

– Il a téléphoné ?

– Non.

– Eh bien quand il arrivera, dites-lui que je suis en réunion. Je ne peux pas attendre comme ça toute la matinée. Il prendra un nouveau rendez-vous, ça lui apprendra !

Page 43 : Un peu de logique

1. – Tu n'es pas allée voter ? C'est aujourd'hui les élections !

– Je ne vote pas parce que d'abord, ça ne changera rien, ensuite, pour moi, tous les hommes politiques se valent et enfin, dès qu'ils sont au pouvoir, ils oublient leurs promesses !

2. – Tu n'as pas voté pour le candidat écologiste ?

– Eh bien, non ! Primo, c'est le seul qui n'avait pas de programme pour notre région. Secundo, il n'est pas d'ici et tertio, il ne connaît rien à nos problèmes. J'ai voté pour celui qu'on connaît bien, parce que c'est un enfant du pays.

3. – Moi, je suis de droite, je considère que premièrement, la gauche n'est pas assez concrète, elle est trop idéaliste. Deuxièmement, il faut faire marcher le pays, pas rêver à une société idéale, sinon on n'arrive à rien.

– Ah bon ? Je pense exactement le contraire...

4. – La gauche et la droite, c'est bonnet blanc et blanc bonnet.

– Pas du tout ! Non seulement la gauche a des idées beaucoup plus généreuses que la droite mais il n'y a pas que l'économie dans la vie, il y a aussi le social, et les améliorations sociales, c'est toujours la gauche qui les propose, jamais la droite !

– Il ne faut pas être aussi catégorique, la droite aussi fait du social.

5. – Un seul parti politique n'a aucune chance de gagner les élections ! Les partis doivent s'unir !

– Oui, c'est sûr, regarde, d'une part, quand tous les partis de gauche s'unissent, la gauche gagne, même chose pour la droite. Et d'autre part, quand les électeurs choisissent le parti qui leur plaît le plus, les votes sont tous éparpillés et personne n'arrive à obtenir la majorité.

séquence 4

Page 47 : Bulletin d'infos

Il est 16 h, voici notre bulletin d'informations présenté par Christelle Thierry.

Les syndicats de la SNCF ont déposé un préavis de grève pour demain. La semaine dernière, une grève de deux jours avait gravement paralysé le trafic sur toute la France. Mais les syndicats estiment que leurs revendications n'ont pas été entendues par le gouvernement. Le ministre des Transports, dans une déclaration à la télévision, a souligné que le gouvernement avait fait un effort important en acceptant de fixer l'âge de la retraite des salariés de la SNCF à 58 ans et non à 60 ans et que de nouvelles négociations étaient exclues. Demain sera donc une journée difficile pour les usagers. La semaine dernière, aucun train de banlieue n'a circulé et quelques TGV seulement ont desservi les villes de province. Tout ceci a créé des embouteillages terribles autour de la capitale.

Le sommet du G8 va commencer après demain à Évian. Les chefs d'État des huit pays sont attendus mercredi sur les bords du lac Léman. Des mesures de sécurité draconiennes ont été prises. Les habitants de la région ne peuvent plus se déplacer depuis ce matin. Des forces de police en nombre important ont pris position dans la région depuis une semaine.

La Croisette a retrouvé son aspect habituel, le Festival de Cannes s'est achevé hier ; le film de Van Sant, *Elephant* a remporté la Palme d'or. Selon l'avis des membres du jury et des critiques, cette sélection était en comparaison avec celle des années précédentes un peu terne. Peu de films ont vraiment marqué les participants du festival. Espérons que l'année prochaine sera meilleure.

Football : Sochaux a créé la surprise hier soir en battant Marseille 3 à 1. Les Sochaliens ont très nettement dominés ce match au stade Vélodrome. Ils se sont ainsi qualifiés pour la finale qui se déroulera au stade de France dans quinze jours. Sochaux sera opposé à Monaco. Et maintenant la météo...

PARCOURS 2

séquence 5

Page 59 : Candidature
– Vous vous appelez comment ?
– Catherine Rochat.
– Vous avez quel âge ?
– 32 ans.

– Qu'est-ce que vous avez fait comme études ?
– J'ai fait une licence de psychologie à Strasbourg et ensuite Sciences Po à Lyon, et avant j'avais fait un DEUG de droit, mais le droit... ça ne me plaisait pas beaucoup.
– Vous avez une expérience professionnelle ?
– J'ai fait des petits boulots quand j'étais étudiante, j'ai été serveuse, j'ai fait de la vente par téléphone, mais mon premier poste a été chargée de communication auprès d'une entreprise de vente par correspondance. J'y suis restée un peu plus de deux ans et puis j'ai eu envie de changer. Je suis entrée dans une compagnie aérienne pour faire le même type de travail.
– Pourquoi êtes-vous intéressée par le poste que nous proposons au Mexique ?
– D'abord parce que la compagnie dans laquelle je travaille a des difficultés et risque de réduire ses effectifs, et parce que j'aimerais travailler à l'étranger.
– Vous parlez des langues étrangères ?
– Oui, allemand et espagnol, un peu le russe.
– Quels sont vos centres d'intérêt ?
– Les voyages, la littérature et le tir à l'arc.
– Bien, votre candidature me semble intéressante.

Page 59 : Entretien
– Bonjour, mademoiselle. Vous allez nous expliquer ce que vous avez fait et pour quelles raisons vous souhaitez entrer dans notre école.
– J'ai fait des études de langue et civilisation françaises en Corée, j'ai obtenu une licence, ensuite je suis allée en Angleterre pour faire une école de management hôtelier. Je suis restée un an en Angleterre. Pendant cette année, j'ai visité plusieurs pays d'Europe et la France en particulier. Et j'ai compris que je voulais travailler dans le domaine artistique. Je suis rentrée en Corée et je me suis inscrite à l'école des Beaux-Arts de Séoul et j'ai commencé à apprendre à peindre. Au début, j'ai surtout appris à reproduire des tableaux, à maîtriser les lignes géométriques, les couleurs et puis j'ai commencé à faire mes propres créations en travaillant surtout à partir de photographies.
Je voudrais entrer dans votre école car je souhaite me spécialiser dans la communication visuelle et travailler ensuite dans la publicité ou l'édition.

Page 60 : Devant la machine à café : potins
1. – Bonjour, Marco ! Ça va ?
– Bonjour, Claire ! Oui, bien et toi ?
– Ça va, ça va. Tu connais la nouvelle ?
– Non... je sens que je vais bientôt savoir...
– Ce matin, j'ai croisé Nicole, elle m'a dit que Morel allait partir...
– C'est pas possible, il est là depuis deux mois...
– Si, elle m'a assuré qu'il devait partir, ça se passe très mal avec le patron.
– En tout cas, je ne vais pas le regretter, il est désagréable !
2. – Alors, Dubois, ça va ?
– Oui, Duchemin.
– Oh, je sors d'une réunion, trois heures, pénible...
– Il paraît que ça ne va pas très bien entre le patron et Bédes.
– C'est sûr, chaque fois que Bédes a ouvert la bouche, le patron a critiqué ses propositions, je n'aurais pas voulu être à sa place.
– Ah, le vent tourne...
3. – Salut, Marine !
– Salut, quoi de neuf ?
– Je viens de voir Florence, tu sais ce qu'elle m'a dit ?
– Non...
– Eh bien, elle m'a dit que le responsable des achats sortait avec Jeanne...

Page 62 : Faire un CV
– Bonjour, monsieur Sauveur. J'aimerais que vous me parliez de vos études et de votre expérience professionnelle...
– Alors... après le bac, j'ai fait des études d'ingénieur à l'École Nationale de Lyon, j'ai eu mon diplôme en 1999 après cinq ans. Ensuite j'ai souhaité faire une formation complémentaire et je suis entré à HEC* ; j'y ai passé une année...
– Vous avez une expérience de l'international ?
– Pendant mes études, j'ai fait un stage au Japon dans une université et j'avais également fait un stage à la fin de la 4e année au Brésil. Je parle anglais, j'ai fait deux séjours aux États-Unis, et j'ai un bon niveau en espagnol et en portugais...
– Japonais ?

*Hautes Études Commerciales

– Un peu, mais en fait j'ai travaillé en anglais quand j'étais au Japon.

– Actuellement, qu'est-ce que vous faites ?

– Je travaille depuis deux ans chez L'Oréal à Genève mais je souhaiterais changer de poste car j'ai un travail essentiellement technique et j'aimerais avoir des activités plus commerciales...

Page 65 : Expressions imagées

1. – Je n'arrive pas à me décider à passer le permis de conduire. J'ai peur de ne pas réussir.

– Mais non ! Ce n'est pas la mer à boire ! Il suffit de t'y mettre et puis c'est tout.

2. – Comment tu trouves Antoine ?

– Lui ? Il est bête comme ses pieds !

3. – Alors, ça va ?

– Bof ! ça va comme un lundi.

4. – Tiens, j'ai rencontré Olivier, hier soir.

– Ah, bon ? Il va bien ?

– Oh ! il a eu des hauts et des bas, mais maintenant, ça va.

5. – Tu ne trouves pas que Xavier exagère ? Il est toujours en train de demander un service aux autres.

– À qui le dis-tu ! Il m'a encore emprunté 100 € la semaine dernière.

6. – Tu en as mis du temps pour venir !

– Oh ! j'ai pris le chemin des écoliers.

7. – Alors, tu as été bien reçu chez les Franquin ?

– Oh ! là, là ! Ils ont déroulé le tapis rouge !

8. – Tu as bien dormi ?

– J'ai fait le tour du cadran !

9. – Alors, tu as rencontré le directeur ?

– Oui, et j'en ai pris pour mon grade...

10. – Est-ce que Rémi est encore là ?

– Oh, il y a belle lurette qu'il est parti !

Page 66 : Compte rendu

– Alors, c'est ton premier conseil d'administration : quelle impression ?

– Je m'attendais à quelque chose de très formel, et en fait, j'ai trouvé l'ambiance relativement décontractée.

– Et ils ont pris de grandes décisions ?

– Ils ont voté le budget à l'unanimité.

– Ça, c'était prévisible.

– Et ils ont demandé s'il était possible que le plan de formation soit revu.

– Et pourquoi ?

– Ils ont trouvé qu'il était trop ambitieux. Le comptable a fait remarquer que les ventes avaient diminué et qu'il fallait être prudent.

– Et rien sur l'international ? C'est pourtant l'idée fixe du président.

– Non, rien.

– Ils ont regretté que madame Grandin n'ait pas encore présenté son projet de supplément culturel.

– Et notre rédacteur en chef, il a fait un beau discours ?

– Il a présenté l'ordre du jour et excusé les absents.

– C'est tout ?

– Oui... ah, j'oubliais ! Véronique Lemaître va à Jakarta en janvier pour représenter Bridge.

Page 67 : Bilan d'une société

Mesdames et messieurs, je vais faire un bilan rapide des résultats de notre société, Egovis, pour l'année écoulée. Cette année, nous avons créé deux filiales à l'étranger pour développer nos activités dans plusieurs pays. Le nombre d'employés qui travaillent pour Egovis est passé de 11 500 à 14 300 ; nous avons donc créé plus de 2 500 emplois.

Notre chiffre d'affaires a atteint 4,5 milliards d'euros, 10 % de ce chiffre d'affaires a été consacré à la recherche et au développement de produits nouveaux, 5 % à la qualité dans la production.

Nous avions, il y a deux ans, 20 % des parts de marché dans notre secteur d'activité, nous sommes passés à 35 % au terme de cette année.

Page 68 : Licenciement

– Allô, Jacques ?

– Bonjour, Jean-Paul, ça va ?

– Non, pas terrible... je viens d'être licencié, c'est pour ça que je t'appelle, je voudrais que tu me conseilles.

– Qu'est-ce qui s'est passé ?

– Tu sais, ça fait dix ans que je travaille chez Amior comme attaché commercial...

– Oui...

– Il y a deux ans, il y a eu un plan de réduction du personnel, vingt personnes ont été licenciées, je n'ai pas été licencié mais je me suis engagé à ne pas demander d'augmentation pendant deux ans. C'est à cette condition que je suis resté. Et là, comme les deux ans étaient passés, j'ai demandé une augmentation, comme deux collègues.

– Et alors ?

– Le patron m'a dit que je m'étais engagé... j'ai insisté en lui disant que

deux ans étaient passés, il m'a répondu que la situation était difficile, j'ai encore insisté et hier... j'ai reçu une lettre de licenciement.

– Écoute, je pense que ce que tu peux faire, c'est d'abord écrire à l'inspection du Travail et ensuite, tu verras ce qu'ils te répondent.

– Bon, je vais le faire... Merci, Jacques.

– Tiens moi au courant ! Au revoir !

– Tchao.

séquence 6

Page 69 : Où s'inscrire ?

Claude : – Moi, je suis passionné par tout ce qui est technique : j'ai une moto et c'est moi qui l'entretiens. Je ne vais jamais chez le garagiste. Le moteur, je l'ai déjà démonté et remonté quatre fois. Je suis le roi de la mécanique !

Fabienne : – J'adore la littérature : je lis énormément et je me tiens au courant de l'actualité littéraire. Vous avez lu le dernier prix Goncourt ? non ? Moi, si ! Vraiment, la littérature, c'est ma vie...

Véronique : – Moi, ce qui m'intéresse, c'est l'actualité : les événements internationaux, la politique, les résultats sportifs... Bref, je suis attentive à tout ce qui se passe dans le monde. Je lis les journaux, je regarde les informations à la télévision, j'écoute les bulletins de la radio.

Simon : – Je ne rêve que d'aviation. Tous les ans, je vais au salon du Bourget et je suis abonné à plusieurs revues spécialisées. Dès que je pourrai, je prendrai des cours de pilotage. Et puis, je voudrais faire de ma passion mon métier...

Chantal : – Moi, ce que j'aime, c'est le contact avec les gens. D'ailleurs, je suis très sociable et j'adore rencontrer les autres, faire de nouvelles connaissances... Je suis jeune, mais j'ai déjà un carnet d'adresses bien fourni... Je me vois très bien faire une carrière dans la diplomatie, par exemple.

Frédéric : – J'ai une telle passion pour l'informatique que j'aimerais bien en faire mon métier. Travailler toute la journée sur des ordinateurs, ce serait vraiment génial ! Je suis comme ça depuis que je suis tout petit ; j'ai eu des consoles de jeux, puis plusieurs ordis. Ça m'a toujours intéressé.

Page 70 : Maison à vendre

– Immogestion, bonjour.

– Bonjour. Je vous appelle pour la petite

Transcriptions

annonce passée dans le journal d'annonces *Banco*.

– Oui ?

– Je voudrais quelques renseignements supplémentaires au sujet d'une maison qui m'intéresserait. Il s'agit de l'annonce sous la référence 958.

– Oui, attendez, je tape la référence sur mon ordinateur... Voilà... C'est bien la maison située à Rilly ?

– Oui, c'est ça.

– Que voudriez-vous savoir ?

– Je voudrais connaître le nombre de pièces.

– Alors, il y a deux appartements... l'un de quatre pièces ; c'est celui qui est habitable immédiatement, et un autre de trois pièces mais... il est à rénover.

– Quelle est la surface habitable ?

– Attendez, je regarde... 92 m² pour le premier appartement et 65 m² pour le second, celui qui doit être restauré.

– Qu'est-ce c'est « les grandes dépendances à l'étage pour possibilités diverses » ?

– Eh bien, vous voyez, les appartements sont au rez-de-chaussée. Et comme c'est une ancienne ferme, à l'étage, il y avait une grange. C'est une surface d'environ 150 m² qui peut être aménagée.

– Pourquoi la situation est-elle exceptionnelle ?

– Parce que la maison est en plein centre du village de Rilly et qu'il y a une très belle vue sur la rivière qui le traverse. Je crois qu'elle s'appelle le Lison...

Page 74 : La définition (2)

Qu'est-ce que c'est l'insecte qui vit dans les arbres et qui chante toute la journée ? Il y en a beaucoup en Provence.

Comment vous appelez, en français, une revue qu'on achète toutes les semaines ? Par exemple, le journal *Elle*.

En français, qu'est-ce que c'est cette qualité qui fait qu'on peut fournir un effort pendant longtemps ? Par exemple, les coureurs de marathon ont cette qualité.

Je ne me souviens plus de ce mot qui veut dire la même chose que « soupe » mais qu'on trouve écrit sur les menus de restaurants. Par exemple, sur le menu du restaurant universitaire, c'est écrit comme ça.

Comment on appelle ce défaut des gens qui n'aiment pas dépenser leur argent, qui essaient toujours de ne pas

payer ? Tu sais, Jean-François, il est un peu comme ça.

Qu'est-ce que c'est, en français, ces paroles qu'on dit à une personne quand on n'est pas content de ce qu'elle a fait ? Par exemple, l'autre jour, ce que tu m'as dit quand je suis arrivé avec une demi-heure de retard...

Ce n'est pas « une orange », ce n'est pas « un citron », c'est un autre mot : c'est un fruit jaune comme le citron mais c'est plus gros qu'une orange...

Page 75 : Le café du monde
Voir page 75.

séquence 7

Page 79 : Cours particuliers

1. Bonjour,

J'ai lu votre annonce et je suis intéressée par le travail que vous proposez. J'ai 26 ans et je viens d'obtenir mon master de biologie. J'ai une expérience de cours particuliers avec des élèves de sixième et cinquième, mais j'ai gardé tous mes cours de première et terminale. Je pourrais donner des cours tous les jours de 16 h à 18 h. Je suis libre à partir du 15 septembre.

Si ma candidature vous intéresse, veuillez m'envoyer un message à l'adresse suivante : odile.obry@yahoo.fr.

2. Bonjour,

Je suis intéressé par votre annonce du 15 juillet concernant des formateurs en sciences. Je suis professeur de physique et dispose de temps libre en particulier pendant les vacances, mais je peux essayer de m'organiser pour répondre à la demande pendant l'année scolaire. Je prépare depuis cinq ans des élèves au baccalauréat avec de bons résultats. J'enseigne actuellement à Nantes mais j'attends une réponse pour un poste dans la banlieue parisienne.

Si ma candidature vous intéresse, voici mon adresse :

Monsieur Robert Grignon, 5 rue des Tulipes, 44000, Nantes.

3. Bonjour,

Je vous écris pour l'annonce n° 236 de votre magazine du 15 juillet. Je suis étudiante en maths-physiques à la fac de Paris VI et je viens d'obtenir ma licence. J'ai donné des cours particuliers de maths à des élèves de seconde l'année dernière et j'ai assuré le soutien scolaire à distance d'élèves en difficulté en phy-

sique. J'ai déjà mon emploi du temps pour la prochaine année universitaire et je suis libre tous les après-midi.

Si ma candidature vous intéresse, merci de me contacter à l'adresse suivante : Maud.B@noos.fr.

4. Bonjour,

Je suis à la recherche d'un job et je suis très intéressé par votre annonce. Je suis en 3e année de droit mais je suis passionné par tout ce qui concerne la science. J'ai une expérience pédagogique parce que j'ai été moniteur de colonie de vacances pendant trois étés de suite. Si vous retenez ma candidature, vous pouvez m'envoyer une lettre à l'adresse suivante :

Pascal Moreau, 25330 Cléron.

Page 80 : Tu es sûr ?

1. Je me demande si Jean-Paul sait qu'il y a une grève des transports demain. Ce matin, il n'était au courant de rien.

2. Je suis certain d'avoir transmis la proposition de prix au directeur commercial. La preuve : voici le dossier que je lui ai envoyé.

3. Il me semble avoir déjà vu cette femme... mais je ne me souviens plus très bien où... sans doute dans un colloque.

4. Alors selon vous, nous nous sommes déjà rencontrés ? Je crois que vous faites erreur, vous devez certainement me confondre avec quelqu'un qui me ressemble.

5. Je suis absolument sûr que Thomas va venir. Il m'a encore téléphoné hier pour me dire qu'il ferait tout son possible pour assister au conseil d'administration, qu'il tenait à y assister et que l'on pouvait compter sur lui.

6. On dirait bien que c'est la signature du comptable. Si ce n'est pas la sienne, en tout cas, elle est bien imitée.

7. En ce qui concerne l'affaire Duval, je pense que la meilleure des solutions, c'est de tout reprendre depuis le début. J'en ai parlé à Pierre, il est d'accord avec moi.

8. Je suis persuadé que si tu expliques à l'animatrice du stage les raisons de ton retard, elle comprendra. Elle a des enfants, elle aussi.

Page 83 : Travail en équipe ou individuel ?

1. Nous avons confié des responsabilités à quelqu'un qui avait l'habitude de travailler en groupe et nous avons

laissé cette personne toute seule pour voir comment elle se débrouillait. En fait, elle a très vite paniqué. C'est d'ailleurs normal, c'est comme si on donnait rendez-vous à quelqu'un sans lui dire ni l'heure, ni le lieu du rendez-vous !

2. Le travail en équipe est beaucoup plus stimulant et efficace que le travail individuel. C'est d'ailleurs ce qui ressort des études récentes sur la question. 60 % des salariés interrogés disent préférer le travail en équipe, 30 %, le travail individuel et 10 % n'ont pas de préférence. Ce que les études ne disent pas c'est la façon dont ces équipes sont formées.

3. Je connais quelqu'un qui a déprimé dès qu'elle a été obligée de travailler seule. Pendant dix ans, elle avait fait partie d'une équipe de chercheurs qui était devenue comme sa famille. Ils passaient toutes leurs vacances ensemble, les enfants étaient dans la même école et tout le monde semblait très bien s'entendre. Et puis, elle a été mutée dans un autre service dans lequel on lui a confié des activités qu'elle devait faire toute seule. Du jour au lendemain, elle a échoué dans tout ce qu'elle faisait, elle ne se sentait plus capable de prendre des responsabilités et finalement, elle a tellement déprimé qu'on a dû la réintégrer dans l'équipe.

4. Je viens de lire un article dans un magazine spécialisé, *Science et ressources humaines*, tu connais ? Ils ont suivi pendant un an une personne qui alternait chaque mois travail en équipe et travail individuel et ils ont noté de façon précise ses performances. Eh bien, le résultat c'est que, en fonction du type de tâche, la personne était beaucoup plus performante toute seule. Tu crois que c'est pareil pour tout le monde, ou que ça dépend du type de personnalité ?

5. Mon métier fait que je suis obligé de travailler parfois seul et parfois en équipe. Je préfère travailler seul quand il s'agit de tâches qui demandent une grande concentration sur un sujet précis que je connais bien. En revanche, s'il s'agit de trouver des idées concernant un thème plus général, il n'y a rien de tel que le travail en équipe. Ça permet de confronter des idées à partir d'expériences diverses. C'est très enrichissant.

Page 84 : Expressions idiomatiques

1. J'ai fait une erreur, je me suis fait remonter les bretelles par le patron.

2. Léa ? Il ne faut rien lui demander de particulier, elle ne fait que son travail, elle a un poil dans la main !

3. Nous nous connaissons depuis longtemps, je pense que le mieux dans cette négociation c'est de jouer cartes sur table.

4. Marie m'a vraiment énervée, j'ai fini par lui dire ses quatre vérités !

5. Quand je vois Marcel, je prends mes jambes à mon cou, il est trop bavard !

6. On ne peut pas laisser les choses se dégrader avec le nouveau, je vais lui mettre les points sur les i !

séquence 8

Page 89 : Francophones : ils aiment leur travail !
Serge Borg

– Vous vous appelez comment ?

– Je m'appelle Serge Borg.

– Vous êtes originaire d'où ?

– Je suis marseillais, à la fois de naissance et de culture, j'ai grandi à Marseille et j'ai fait mes études à Marseille et c'est ma région de prédilection.

– Qu'est-ce que vous faites comme travail ?

– Alors, je travaille pour le compte du ministère des Affaires étrangères et je suis au Centre culturel français de Turin en Italie et j'ai aussi la direction des cours de cet établissement.

– Qu'est-ce qui vous a amené à faire ce métier ?

– Des découvertes progressives, d'abord une certaine propension à aimer les langues et les cultures, quand on est né à Marseille, c'est quelque chose qui est... que nous avons dans le sang, c'est-à-dire que nous voyons arriver les bateaux, et ils débarquent, et puis ils vont d'un coté et de l'autre, nous sommes un peu la porte de l'Orient, de l'Occident, et très vite et très tôt, on s'intéresse comme ça à l'autre et aux autres et dans mes études de lettres, j'ai favorisé, suite à une expérience en Italie, une spécialisation en français langue étrangère, d'abord en maîtrise, puis en DEA et puis au-delà, en doctorat.

J'ai été amené donc à avoir des responsabilités aussi bien au Portugal qu'au Brésil et maintenant en Italie et c'est quelque chose qui me passionne.

– Est-ce que la francophonie représente quelque chose pour vous ?

– Tout à fait, ça représente quelque chose d'essentiel dans la mesure où les colorations à la fois régionales et nationales peuvent s'exprimer dans un espace qui se veut de plus en plus cohérent. C'est aussi une alternative à la mondialisation telle qu'elle est définie actuellement. Je pense que c'est une bonne chose.

Alain Voulemo

– Vous vous appelez comment ?

– Je m'appelle Alain Voulemo, je suis camerounais.

– Vous êtes originaire d'où ?

– Je suis de Douala, ville côtière du Cameroun, capitale économique en même temps.

– Qu'est-ce que vous faites comme travail ?

– J'enseigne dans un Institut supérieur et en même temps dans une Alliance Française comme professeur de français langue étrangère.

– Qu'est-ce qui vous a amené à faire ce métier ?

– C'est une passion née du besoin formel de l'enseignement du français dans mon milieu puisque le Cameroun est un pays essentiellement bilingue et je m'étais rendu compte qu'il y avait une grande frange de la population, surtout d'obédience anglophone, qui vivait dans le besoin formel de l'apprentissage de la langue française et c'est un public suffisamment exigeant dont les besoins sont techniques, c'est-à-dire l'enseignement du français aux anglophones et puis, puisque j'aime des défis, j'ai choisi de relever celui-là, enseigner le français aux anglophones.

– Est-ce que la francophonie représente quelque chose pour vous ?

– Pour moi, ça a une double dimension, d'abord un espace linguistique, culturel où des nations, des peuples je voulais dire, se retrouvent et partagent en commun un patrimoine, la langue française, mais au-delà du concept culturel, qui se veut être un bouillon dans lequel les gens ont un même et véritable sentiment, le sentiment de la famille francophone. Il y a aussi la dimension idéologique et politique qui fait que, derrière l'espace linguistique, des politiques aussi devraient se confronter mais aussi s'accepter, essayer de se remodeler, essayer de se comprendre, essayer de se bâtir sur la base d'un concept qui, à l'origine, est linguistique.

Transcriptions

Jean-Pierre Bérubé

– Vous vous appelez comment ?

– Mon nom est Jean-Pierre Bérubé.

– Vous êtes originaire d'où ?

– Je suis québécois. J'ai été fabriqué sur l'île d'Orléans, accouché à Québec et élevé en Gaspésie, dans une petite ville qui s'appelle Mathan, à 600 km à l'est de Montréal, maintenant, j'habite du côté de Montréal.

– Qu'est-ce que vous faites comme travail ?

– Alors, je suis un artisan de la chanson, je suis un faiseur de chansons depuis très... depuis très longtemps, un auteur-compositeur-interprète aussi, donc j'écris les textes et les musiques de mes chansons, puis je les chante, à travers la planète, quoi ! un peu partout... donc, je suis... chez nous, on disait dans le temps « chansonnier », celui qui écrivait ses chansons, tu vois, comme Félix Leclerc, Georges Brassens, des chansonniers quoi ! Le chansonnier, c'est surtout avec la guitare, tu vois, le pied sur une chaise avec une guitare. Alors donc, on peut dire je suis un troubadour des temps modernes, qui voyage un peu partout comme ça...

– Qu'est-ce qui vous a amené à faire ce métier ?

– Moi, j'ai toujours fait ça, disons, depuis les quinze dernières années, j'ai quand même ralenti la carrière parce que bon, j'étais toujours parti en tournée à droite, à gauche... Et même y'a eu une époque avant les salles, il fallait faire des bars.

– Est-ce que la francophonie représente quelque chose pour vous ?

– Oui, la francophonie, c'est quand même quelque chose d'important... c'est toujours important d'en parler, d'ailleurs parce que justement, moi, je me rappelle une fois, c'était la première fois d'ailleurs que j'allais chanter et travailler aussi, animer un atelier pédagogique avec l'utilisation de la chanson en classe de langue, et c'était donc au Yémen. En même temps, ils ont découvert un accent différent, ils ont trouvé ça formidable... ben, les profs qui étaient là, aussi. Ils m'ont dit : « les élèves sont super contents, parce qu'ils viennent de découvrir qu'il y a d'autres accents par rapport à la langue donc, et ça les a rassurés... Tout à coup, il peut découvrir un Belge, il peut découvrir un Québécois qui parle français avec un autre accent et tout, donc, ça va le rassurer.

C'est pour ça que, francophonie, c'est important de continuer d'en parler parce que..., elle existe partout, mais moi le premier, je serais peut-être pas capable de vous dire partout, partout dans le monde où on parle un peu français...

Page 94 : D'où vient cette information ?

1. D'après le magazine *À vous*, l'acteur Paul Marin devrait être nommé prochainement directeur de l'Opéra de Paris.

2. Selon un proche du Président, il se représentera aux prochaines élections présidentielles pour un quatrième mandat.

3. D'après un sondage Harris, 52 % des Français sont satisfaits de l'action du Premier ministre en matière de sécurité routière.

4. Des rumeurs insistantes font état d'un possible remaniement ministériel, qui toucherait en particulier le ministre de l'Intérieur et le ministre de l'Éducation.

5. Tous les journalistes de la presse économique le disent, la reprise économique ne devrait pas être loin ; on peut prévoir une augmentation quasi certaine de la croissance de 3 % pour l'année prochaine.

6. Nous avons appris de source officieuse que le Président a rencontré hier le chef de l'opposition pour évoquer le problème du chômage.

7. Selon les experts, notre climat a subi de profondes modifications qui vont s'amplifier dans les années à venir.

8. Moscou. AFP. Un accident d'avion s'est produit hier dans la nuit sur l'aéroport de Moscou. Les causes de l'accident ne sont pas encore connues.

PARCOURS 3

séquence 9

Page 101 : Le bon film

1. – Qu'est-ce qu'il y a ce soir à la télé ?

– Un film, pas vraiment récent, je l'ai déjà vu...

– C'est quoi ?

– Ah, je ne retrouve pas le titre... Ça se passe dans une entreprise, c'est une sorte de conflit de génération, mais c'est bien fait, intéressant.

– C'est drôle ?

– Non, pas vraiment.

2. – Tu as vu le film dont tout le monde parle ?

– Lequel ?

– Oh, tu sais c'est un héros de BD, je ne trouve plus son nom... C'est un film d'aventures, avec des poursuites. Je voulais emmener mon neveu le voir.

– Ah, oui, je vois ! Ça doit être bien pour un môme de dix ans, c'est une BD que j'ai lue quand j'étais petite.

3. – Je viens de voir un film qui m'a beaucoup plu ; c'est l'histoire d'un couple, tu ne vois pas de quoi je veux parler ?

– Tu sais des films avec des histoires de couples, c'est plutôt courant !

– Oui, mais c'est un couple bizarre, c'est des acteurs connus... Ah, je ne retrouve pas leur nom ni le titre ! Ils gagnent leur vie d'une façon assez étrange...

– Ah, oui, ça y est ! C'est...

séquence 10

Page 113 : Arts

1. – C'est vraiment magnifique !

– Oui, c'est typiquement le style de la Renaissance. Tu vois, cette magnifique symétrie ? Et puis, la décoration est exubérante : regarde toutes ces tourelles, ces cheminées, ces toits d'ardoises ! Et toutes ces fenêtres ! C'est un changement radical par rapport aux constructions austères du Moyen Âge.

2. – Ça t'a plu ?

– Oui, c'est pas mal. J'aime bien l'ambiance du début : la « drôle de guerre », l'épisode de la débâcle. Je trouve que l'affolement général, la panique, tout ça, c'est bien rendu. Et puis les personnages sont tout à fait crédibles. En fait, c'est toute la société de cette époque qui est donnée à voir avec les personnages : du ministre au voyou. C'est... c'est comme un raccourci de la société de ce moment-là de l'Histoire.

3. Pour moi, c'est une magistrale leçon de beauté ! C'est aussi un paradoxe : le personnage est immobile, mais tout suggère le mouvement. Et puis, le drapé du vêtement est magnifiquement exprimé, avec les plis verticaux de la tunique et le mouvement ondulé des manches. Regarde aussi la façon dont est rendue la chevelure, la finesse des traits du visage, les détails anatomiques de la musculature des bras, des pieds. Il se dégage de cette œuvre une impression de force retenue et d'équilibre. C'est magnifique !

4. Ce que je trouve intéressant dans cette œuvre, c'est le traitement

moderne d'un thème académique, d'un cliché. Il y a là les représentations symboliques attendues : la plume de l'écrivain, le rouleau de papier, deux objets dont la blancheur attire immédiatement le regard. Les personnages apparaissent raides et figés, en particulier le personnage féminin, dans une attitude solennelle, la main levée. Le décor est lui aussi déroutant. Bref, c'est une alliance de convention et d'audace qui me plaît beaucoup !

Page 114 : *La Joconde*

Ce tableau, exposé au musée du Louvre, est certainement l'un des plus célèbres de la peinture universelle. Il est l'œuvre d'un artiste de génie, Léonard de Vinci (1452-1519), un homme aux multiples talents, à la fois peintre, savant, ingénieur, architecte, poète et musicien. Léonard de Vinci représente tout à fait le génie de la Renaissance. Né près de Florence, en Italie, le peintre s'installera, à la fin de sa vie, en France sur la demande du roi François Ier.
Le titre complet de ce célèbre tableau est *Portrait de Mona Lisa*, dite La Joconde, mais il est plus connu sous le simple nom de *La Joconde*. Léonard de Vinci a peint cette œuvre entre 1503 et 1506. Elle représente probablement la jeune épouse, âgée d'environ vingt ans, de Francesco Giocondo, un riche et puissant habitant de la ville de Florence. La jeune femme est représentée de trois quarts, assise dans un fauteuil. Ses bras reposent sur les accoudoirs du fauteuil et elle croise ses mains devant elle. Le personnage se détache au premier plan sur un arrière-plan constitué d'un paysage champêtre où l'on devine une route et les arches d'un pont dans un décor boisé.
De l'ensemble du tableau émane une impression de calme, mais aussi de mystère : l'étrange sourire de La Joconde a fait couler beaucoup d'encre...

Page 114 : Habitudes culturelles des Français

Ce tableau nous montre que les Français de 15 ans et plus sont de plus en plus nombreux à regarder la télévision tous les jours. Ainsi, ils étaient 65 % en 1973 et sont, aujourd'hui, près de 80 %. Cette augmentation de la fréquence d'usage correspond à une généralisation de l'équipement en matière de télévision : aujourd'hui, plus de 95 % des foyers pos-

sèdent au moins un téléviseur alors qu'ils étaient « seulement » 86 % en 1973. La télévision est présente dans la presque totalité des foyers français. Seuls 9 % de ces foyers résistent encore à son envahissement quasi général. De même, on constate que le temps passé devant la télévision a considérablement augmenté puisque la durée moyenne de présence devant la télévision et d'écoute est passée, en trente ans, de 16 à 22 heures par semaine. Là encore, l'augmentation est considérable et montre que la télévision est le loisir préféré des Français, toutes catégories sociales confondues.

Page 118 : Le portrait

– Alors, nous allons essayer de faire le portrait de votre voleur, madame Duchemin. Attendez, j'ouvre mon ordinateur... voilà, je suis prêt. Alors, commençons par les cheveux : bruns, blonds...
– Bruns, frisés, pas très longs... jusqu'aux oreilles.
– Comme ça ?
– Un peu plus courts... oui voilà, parfait !
– Le front ?
– Plutôt grand, un peu moins... plus large... oui, c'est pas mal !
– Les yeux ?
– Petits, bleus, plus pâles... oui, mais les sourcils plus arqués... voilà, c'est bien !
– Le nez ?
– Assez gros, on le voit tout de suite... oui, un peu moins, c'est mieux.
– La bouche ?
– Grande, des lèvres fines... oui, encore un peu... le menton, je n'ai pas fait attention...
– Qu'est-ce que vous pensez du résultat, madame Duchemin ?
– C'est presque ça... le visage un peu plus allongé peut-être... oui, là, c'est très ressemblant !

Page 122 : Description d'itinéraire

A. Après Brissac rejoignez la départementale 4 (D 4) en direction de Saint-Guilhem-le-Désert. La route longe d'abord la rivière, l'Hérault, puis s'en éloigne. Quelques kilomètres après Brissac, on peut apercevoir de la route, sur la gauche, la chapelle romane de Saint-Étienne-d'Issensac et un pont du XIIe siècle qui enjambe la rivière.
B. On arrive dans la petite ville de Ganges. Ganges était célèbre autrefois,

à l'époque du roi Louis XIV, pour la fabrication des bas de soie.
C. Enfin, la route rejoint la N 109 qui franchit l'Hérault sur le pont de Gignac, situé à 1 km à l'ouest de la ville de Gignac. Ce pont, construit entre 1776 et 1810, est considéré comme le plus beau pont français du XVIIIe siècle. Il mesure 175 mètres de long et comporte trois arches.
D. Vous continuez jusqu'à Brissac. C'est un village pittoresque dont la partie la plus ancienne est dominée par un château des XIIe et XVIe siècles.
E. Vous arrivez alors à Aniane, petite cité viticole tranquille. Vous y visiterez l'église Saint-Sauveur, caractéristique de l'architecture classique française du XVIIe siècle. Il faut voir aussi le très bel hôtel de ville datant du XVIIIe siècle.
F. Au sud de Pont-d'Hérault, la route D 999 suit le cours d'une rivière, l'Hérault. Elle est très sinueuse, c'est-à-dire qu'il y a beaucoup de virages.
G. À la sortie de Ganges, vers le sud-est, prendre la route D 986 puis la D 108. La route s'engage dans une gorge creusée par l'Hérault.
H. Après Causse-de-la-Selle, la route traverse une étendue très sèche en été avant de s'engager dans une gorge de plus en plus étroite jusqu'au pont du Diable. L'Hérault a creusé une vallée très encaissée que le pont du Diable enjambe. Il est très ancien puisqu'il a été construit au début du XIe siècle.

séquence 11

Page 126 : Mini-débats

1. – Tu as vu les promotions de la SNCF pour Rome ? Une semaine pour 200 € par personne dans un hôtel quatre-étoiles en plein centre-ville avec la gratuité pour les moins de 7 ans.
– Rome ? Moi, je préfère le bord de mer, on peut se baigner au moins. Il n'y a rien en Grèce ou alors en Turquie ?
– Si, il y a aussi des promotions Air France, mais c'est plus cher et les dates ne nous conviennent pas. Et puis c'est bien Rome ; ça permettra à Jérôme de voir ce qu'il a étudié en classe. C'est une ville où on peut se balader sans problème depuis qu'ils ont interdit la circulation dans le centre de la ville.
– Et tu as pensé à Clara ? Tu sais quelle température il fait en août à Rome ? À la plage, en revanche on se repose, elle pourra se faire des copains et s'il fait

se baigne. Tout le monde
...ent.
...oui, mais moi, pour une fois, je ne
veux pas rester sans rien faire ! J'ai trouvé une solution bon marché et culturelle
et toi, tu ne penses qu'à bronzer !
2. – Nous, on a décidé de supprimer la
télévision. On a pris cette décision
parce qu'on en avait assez de se disputer avec les enfants. Tous les soirs
c'était la bagarre pour décider la plus
grande à prendre un bon livre et la plus
petite à aller se coucher.
– Je comprends, mais je trouve ça dommage. Moi, je ne suis pas du tout pour
interdire la télé aux enfants. Il y a quand
même des émissions intéressantes qui
peuvent leur ouvrir l'esprit sur le monde.
Il faut simplement les sélectionner.
– À condition de pouvoir sélectionner,
ce qu'un enfant ne sait pas faire. Ou
alors il choisit ce qui l'attire le plus et
qui n'est pas toujours le plus intelligent.
Ce qu'ils aiment, ce sont les feuilletons
débiles et les jeux encore plus bêtes ! Tu
parles d'une ouverture d'esprit !
– Oui, mais tu les empêches d'avoir un
sujet de discussion avec leurs copains.
Tu risques de les exclure de certains
groupes.
– Oh ! il faut quand même pas exagérer !

Page 127 : Bon, je te l'accorde !
– Les femmes s'intéressent beaucoup
plus à la culture que les hommes. Je
viens de lire un article là-dessus. Moi,
ça ne m'étonne pas, les hommes ne
pensent qu'à leur travail.
– Tu en es sûre ? Je ne vois pas pourquoi les hommes seraient moins intéressés par la culture. Je connais
d'ailleurs beaucoup d'hommes qui sont
très impliqués dans la vie culturelle de
leur quartier, qui font partie de groupes
de musiciens par exemple. Au contraire,
pour nous, c'est un moyen de se changer les idées, de décompresser après le
travail. Et puis, il y a beaucoup
d'hommes qui sont présidents d'associations de toutes sortes...
– Ah ! ah ! ah ! oui, c'est ça, ils président... En revanche, nous, on agit. Les
membres actifs, ce sont les femmes.
Elles s'organisent entre elles pour
ouvrir des cours de peinture ou de
sculpture, pour monter des expositions,
pour faire toutes sortes de choses que
vous ne faites pas.
– Quand je dis qu'il y a des hommes qui

président, ça ne veut pas dire qu'ils ne
font rien, au contraire, ils font le maximum pour avoir des subventions pour
faire vivre l'association. Pour ça, il faut
entretenir de bonnes relations avec les
autorités, faire connaître l'association
et avoir le sens de l'organisation.
– D'accord, j'ai peut-être un peu exagéré... les hommes et les femmes
s'impliquent autant, mais de façon
différente.
– Oui, c'est ça ! Les hommes n'ont pas
les mêmes centres d'intérêt que les
femmes. Regarde la musique : tu
connais une femme chef d'orchestre, ou
compositrice d'opéras ? Il y a plus
d'hommes que de femmes qui savent
jouer d'un instrument de musique et
qui en possèdent un ! Vous, vous préférez le concret : les activités manuelles,
la sculpture, la peinture ou la gravure.
– Sur ce point, je suis d'accord avec toi ;
les centres d'intérêt sont en effet très
différents.
– On pourrait avoir un centre d'intérêt
commun...
– Oui, mais lequel ?
– La danse ! On pourrait s'inscrire
ensemble au cours de salsa ? On va
danser pour s'exercer ?
– Ok !

**Page 127 : Quand on n'a plus
d'arguments...**
1. – Alors on t'a attendu hier, tu n'es
pas venu à la réunion. On a attendu jusqu'à 8 h puis on a commencé sans toi.
– Personne ne m'avait prévenu, je ne
savais pas que vous aviez avancé la
réunion.
– Pourtant, j'avais demandé à Nicole de
te téléphoner.
– Je t'assure, personne ne m'a prévenu,
sinon, je serais venu.
– Mais elle nous a affirmé qu'elle
t'avait eu au téléphone !
– Mais puisque je te le dis, on ne m'a
pas prévenu, sinon, je serais venu, tu
penses.
2. – Alors tu as trouvé le chemin facilement ? Les indications que je t'avais
laissées sur le répondeur étaient
bonnes ?
– Excellentes ! Merci ! On s'est retrouvés à l'autre bout de la ville. Ça me rappelle la fois où on avait rendez-vous
devant le cinéma et tu nous avais fait le
plan pour aller au théâtre. Tu es super
douée pour les plans ! Tu devrais faire
géographe, tu as de l'avenir !

3. – Je vous avais proposé de venir
avec moi, pourquoi vous n'avez pas
voulu ? C'était une occasion de rencontrer des gens qui ont les mêmes centres
d'intérêt que vous et avec lesquels vous
auriez pu sympathiser !
– Et pourquoi j'aurais sympathisé avec
des inconnus ?
4. – Il faut absolument que tu passes
voir Mathieu demain pour le travail dont
il m'a parlé. Je crois que c'est vraiment
l'occasion de commencer à travailler et
en plus, dans une troupe de théâtre.
– Je ne peux pas demain, et puis, je
n'aime pas les pièces qu'il monte,
Mathieu, c'est vraiment trop classique.
– Écoute, je t'aurais prévenu. Moi, je ne
peux pas continuer à t'aider financièrement. Si d'ici un mois tu n'as pas trouvé
de travail, tu te débrouilles tout seul
pour payer ton loyer !
5. – Votre solution me tente assez mais
quand je vois le prix, j'hésite. Ça fait
quand même très cher. Vous êtes sûr
que la réparation ne peut pas attendre
un peu ?
– Écoutez, c'est à prendre ou à laisser.
Vous pouvez toujours choisir de ne rien
faire, mais vous aurez le même problème dans six mois.
6. – Alors, voilà : cet appareil permet à
la fois de téléphoner dans un endroit
bruyant sans être dérangé, d'envoyer
des messages et de se connecter à
Internet, ce qui peut être extrêmement
utile.
– Oui, mais ce qui m'intéresse, c'est
essentiellement de pouvoir communiquer sans limite de durée.
– Alors pour prendre des photos, vous
avez ce petit bouton, là, c'est la fonction « prise de vue ».
– Et je ne compte pas mettre une fortune dans un portable. Vous n'avez pas
quelque chose de moins sophistiqué ?
– L'avantage de cette fonction, c'est
que vous pouvez tout faire avec le
même appareil. Plus besoin de transporter votre appareil photo.

Page 129 : Si j'ai bien compris
1. – Je suis italienne, j'ai commencé à
travailler comme architecte à Paris dans
les années quatre-vingt. Ce qui m'a
intéressée à l'époque, c'est qu'on pouvait obtenir une ligne de téléphone
dans la journée, qu'on voyageait déjà
en TGV, que la carte bleue était utilisée
partout. Et aussi, que le système de
santé paraissait très efficace.

– Si je comprends bien, ce qui vous a marqué à l'époque, c'était l'avance technologique, une bonne organisation de la vie quotidienne ?

– Oui, c'est ça.

2. – Vous avez écrit dans votre dernier roman que la France s'américanisait. Qu'entendez-vous par là ?

– Depuis vingt ans, je partage mon temps entre les États-Unis et la France. J'ai donc pu observer l'influence du mode de vie américain. Surtout dans la façon de s'exprimer, de se vêtir et avant tout de se nourrir.

– Ce qui vous frappe c'est donc l'américanisation des comportements des Français ?

– Oui, mais en même temps, il y a des choses qui n'ont pas changé parce qu'elles font partie de la culture française : on parle beaucoup plus ici qu'aux États-Unis, on prend du temps pour s'arrêter, dans un café, se promener tranquillement tout en parlant, ou descendre dans la rue pour manifester.

– Pour vous, donc, ce qui caractérise la façon de vivre à la française c'est de prendre son temps...

– Oui... même si cela peut vous sembler étonnant.

3. – Vous connaissez bien la France. Peut-être mieux que beaucoup de Français...

– Mes premiers souvenirs sont des souvenirs de vacances à Nice quand j'étais enfant. Après, j'ai beaucoup voyagé dans tout le pays. Depuis dix ans, j'ai choisi de vivre à Paris, car c'est à Paris que se concentre le souvenir des écrivains que j'adore : Proust, Perec, Rimbaud, Flaubert, Balzac, Zola ou Cocteau...

– Donc, pour vous, la France est avant tout un lieu de souvenirs littéraires...

– Pas seulement. Bien sûr que ces auteurs m'ont passionnée et me passionnent encore, mais je ne vis pas uniquement pour le passé, j'observe aussi beaucoup les gens. Pour moi, les Français sont à la fois les personnes les plus stylées et les plus vulgaires d'Europe ! Il est dur de généraliser, mais il y a, chez le Français, un mélange d'arrogance, d'insouciance, d'intelligence et de sensualité qui compose un tout finalement assez séduisant.

– Pour vous résumer, ce qui vous intéresse, chez les Français, c'est la somme de leurs contradictions, de leurs défauts et de leurs qualités...

– Oui, c'est ça.

Page 132 : Radio ou télé ?

– Je ne peux pas me passer de la radio. Avec elle, mon imagination reste en éveil, elle n'est pas bloquée par une image apparue à l'écran.

– C'est drôle, j'ai un point de vue tout à fait différent. J'ai besoin d'associer une image à une information. La télé me permet de me renseigner non seulement sur les personnes mais aussi sur leur environnement.

– L'autre avantage de la radio, c'est que tout en écoutant, je peux feuilleter des journaux ou des magazines, ou me livrer à d'autres activités, ce que je ne peux pas faire avec la télé puisque je suis obligé de regarder l'écran.

– La télévision, je la laisse allumée toute la journée et toute la nuit, en continu ; ça me tient compagnie. Je regarde surtout les émissions sur les voyages ; ça me fait rêver. Je zappe aussi beaucoup ; je passe d'une émission à une autre pour avoir le maximum d'informations.

– Parfois, je laisse moi aussi la radio branchée de jour comme de nuit. Mais je persiste à penser que les images déforment la réalité et qu'on comprend mieux sans elles. Faites l'expérience d'écouter un discours à la télévision puis à la radio : vous aurez l'impression que ce n'est pas le même. On ne ment pas avec la voix. Si j'avais été médecin, j'aurais fait mes consultations par téléphone. En face à face, les gens peuvent jouer la comédie, en revanche, quand on ne les voit pas, il suffit d'écouter leur voix pour savoir s'ils vont bien ou non.

– Moi, il me faut voir avant d'écouter. C'est sur le visage des gens qu'on peut voir s'ils sont sincères. Les gestes et les mimiques apportent aussi des informations.

– En fait, on est différents, vous et moi. Vous, vous êtes une visuelle et moi je suis un auditif. Vous avez besoin de voir pour comprendre... Comme saint Thomas, vous ne croyez que ce que vous voyez... et moi, j'ai besoin d'entendre pour faire fonctionner mon imagination.

Page 133 : Débat

Animateur :

– Bonsoir ! Le débat de ce soir porte sur le temps libre. Tous ne le considèrent pas comme quelque chose de positif. On entend en effet, ces derniers temps, des voix s'élever contre ce temps libre

tr... vail... donc... temps... exacteme... travail ? Le ... ... gens qui ne pens... ...gés et à la retraite ?

Nous avons, pour débattre, invité des personnes de différentes catégories socioprofessionnelles et de différents âges, qui ont toutes des responsabilités à divers titres dans notre société.

Madame Chamarin, qui est directrice d'une grande agence de voyages.

Monsieur Chasles qui travaille depuis peu dans une société informatique et pour qui, comme il va nous l'expliquer, la notion de temps libre est très vague.

Madame Corton qui est caissière dans un hypermarché, mère de cinq enfants et dont le mari est au chômage.

Nous avons aussi avec nous monsieur Romain, directeur de recherche à l'École des Hautes Études Sociales et auteur d'un ouvrage intitulé : *Le temps dit libre, mais libre de quoi ?*

Et enfin monsieur Siméoni, qui est directeur des Ressources humaines dans une entreprise de travaux publics. Mais d'abord quelques chiffres impressionnants : la durée hebdomadaire du travail était de 48 heures en 1919, 40 heures en 1936, 39 heures en 1982 et enfin, 35 heures aujourd'hui.

Une autre donnée intéressante est celle du nombre de semaines de congés payés annuels, qui est passé de deux semaines en 1936, à trois en 1956, quatre en 1963 et cinq depuis 1981.

Enfin, les sociologues ont calculé que sur une année de vie, un salarié passe en moyenne 20 % de son temps à travailler et dans les transports, 33 % à dormir et emploie le reste, soit 47 %, à des occupations de détente et de loisirs. Tout d'abord, monsieur Romain, que vous inspirent ces pourcentages ? Estimez-vous que de grands progrès ont été faits, que l'on peut parler de conquête du siècle ?

Monsieur Romain :

– Oui, c'est une conquête, la plus grande à mes yeux. Il y en a bien sûr eu d'autres pendant ce siècle ; je pense aux voyages dans l'espace, au développement des communications. Mais, ce qui me semble essentiel en termes de progrès social, c'est quand même la

u temps de travail ! Reste
r ce que les gens font vraiment
e ce temps libre. Dans vos pourcentages, vous avez oublié ceux qui profitent de leur temps libre pour travailler
afin de gagner un peu plus d'argent.

Animateur :

– Vous voulez dire que le plus important, c'est ce qui concerne le progrès
social ?

Monsieur Romain :

– Oui, tout à fait.

Animateur :

– Et vous, monsieur Chasles, pensez-
vous que nous vivons dans une société
où le temps libre a pris trop d'importance par rapport au travail ?

Monsieur Chasles :

– En ce qui me concerne, le temps libre,
je ne connais pas. Je travaille 50 heures
par semaine, alors qu'on en doit
normalement 35. Je n'ai pas le choix.
Nous sommes une petite société qui se
développe et qui a à affronter la
concurrence. Ceux qui disent que les
Français ne travaillent pas assez sont
ignorants ou cyniques !

Animateur:

Madame Corton ?

Madame Corton:

– Oui, moi je voudrais dire que nous
sommes, nous les caissières de supermarchés, les esclaves de cette société !
Comme ceux qui travaillent dans la
vente par téléphone !

Animateur :

– Vous voulez parler du téléachat ?

Madame Corton:

– Oui, c'est cela. Heureusement qu'il y a
eu les 35 heures, qui ont permis de
s'organiser et surtout qui me permettent d'avoir un peu plus de temps libre
pour me détendre ! Je propose à ceux
qui disent que les Français ont trop de
temps libre de faire mon métier un
jour ! Ils verront ce que c'est !

Animateur :

– Et vous, madame Chamarin, vous pensez que les Français ont trop de loisirs ?

Madame Chamarin :

– Je ne sais pas s'ils ont trop de loisirs,
en tout cas, ils savent les occuper. Ils
voyagent beaucoup, et de plus en plus
souvent pour des périodes courtes :
deux, trois, cinq jours. Il faut dire
qu'avec les 35 heures, la pression au
travail est plus grande. Les gens font en
35 heures ce qu'ils faisaient avant en
39, et ont réellement besoin de se
détendre et de se reposer.

Monsieur Siméoni :

– Je ne suis pas d'accord avec vous.
Beaucoup d'entreprises se sont réorga-
nisées et je vous assure que les salariés
ne travaillent pas plus qu'avant, au
contraire, même. Ils profitent un peu
trop de cette réduction du temps de
travail. Les cadres, surtout, qui prennent
des week-ends très prolongés. Je ne
dirais donc pas que les Français ont
besoin de se détendre, non... je dirais
plutôt qu'ils ont perdu le goût du travail.

Animateur :

– Nos invités semblent être presque tous
d'accord pour dire que les Français travaillent, et même beaucoup, parfois même
trop. Peut-être sont-ils mal organisés ?
C'est votre sentiment, monsieur Romain ?

Monsieur Romain :

– Oui. On parle toujours de restructura-
tion des entreprises mais jamais de
réorganisation du temps de travail et
du temps libre. Il me semble que si cette
organisation était mieux pensée, les
gens sauraient mieux profiter de ce
grand progrès social.

Animateur :

– Eh bien, merci à tous ! Le débat a permis à chacun de donner son point de
vue et a répondu en partie à la question
posée au départ. Bonsoir !

séquence 12

**Page 135 : Conseils
pour passer un examen**

1. – Monsieur Pignon, vous qui avez
l'habitude de faire passer des examens
à l'oral, quels conseils donneriez-vous à
un candidat ?

– Eh bien, je crois que l'important, c'est
de bien maîtriser son sujet ; si vous
n'avez rien à dire, l'examinateur s'en
aperçoit très vite. Mais il n'y a pas que
les connaissances qui comptent, il y a
aussi la façon d'organiser ce que vous
avez à dire. Cependant, on voit très vite
si un candidat a l'habitude de faire un
exposé quand il est à l'aise, par exemple,
les personnes qui font du théâtre, qui ont
l'habitude de parler en public...

– Il est donc nécessaire de se préparer ?

– Bien sûr ! Il faut parler en public, il
faut s'entraîner avec ses camarades,
puis se critiquer pour progresser. Je
pense aussi que c'est efficace de traiter
un sujet dans un temps limité, de faire
des plans, parce que tout cela devient
naturel et au moment de l'examen, on
oublie ces contraintes.

– Avez-vous d'autres conseils pour se
sentir à l'aise ?

– Oui, je recommande toujours de rédiger l'introduction pour commencer avec
plus de sécurité, mais ce n'est pas bon
de lire un exposé donc ensuite, c'est
mieux d'utiliser son plan et de parler de
façon plus spontanée.

– Et pour l'entretien, quels conseils
donneriez-vous ?

– D'abord de répondre précisément aux
questions de l'examinateur, de ne pas
inventer ce que l'on ne sait pas, d'apporter
des idées personnelles et originales.

2. – En cette période d'examen, Marthe
Paleclaire, quelles recommandations
faites-vous aux candidats qui doivent
affronter une épreuve écrite ?

– Il y a beaucoup de choses à dire mais
à mon avis, il faut d'abord comprendre
le sujet avant de commencer à rédiger :
le lire et le relire, puis se donner un petit
temps de réflexion ; ensuite il faut organiser ses idées, c'est-à-dire prendre le
temps de faire un plan.

– Est-ce que c'est ce qui compte le
plus ?

– C'est important, mais il faut aussi
rendre votre travail le plus lisible possible : écrire correctement, bien présenter
l'ensemble avec des paragraphes, ne pas
oublier les majuscules. L'orthographe et
la grammaire sont importantes, il faut
donc bien utiliser ce que l'on sait, relire
une fois que vous avez rédigé pour ne
pas laisser de fautes.

– Un dernier conseil ?

– Bien gérer son temps, réfléchir avant
l'examen au temps que vous allez
consacrer pour chacune des phases de
votre travail.

– Merci beaucoup.

Page 136 : Fêtes
• **Première série**

– Pour vous, quelle est la fête la plus
importante ?

1. – Vous savez, moi, je suis un vieux syn-
dicaliste, je n'ai pas connu le Front populaire en 36, mais mon papa l'a connu, en
tout cas la fête la plus importante, c'est
vraiment la fête des travailleurs.

2. – Cette année, il y a à peine une
dizaine de survivants de la Première
Guerre mondiale. Alors si nous, les
jeunes, nous ne sommes pas capables
de nous souvenir de cette horreur, qui
s'en souviendra ? Pour moi, c'est vraiment le 11 novembre la fête la plus
importante.

3. – Le 14 Juillet. Sans être nationaliste, je suis attaché à mon pays et puis le 14 Juillet, c'est l'occasion de faire la fête, il y a des bals populaires, il y a des feux d'artifice. C'est la fête bleu, blanc, rouge, quoi !

4. – Moi, je suis très famille : Noël. C'est l'occasion de réunir tous ceux qu'on aime et puis, la joie des enfants devant les cadeaux, c'est quelque chose d'inoubliable !

5. – Le lundi de Pentecôte. C'était l'occasion de passer un grand week-end dans ma maison à la campagne avec des amis, c'est presque l'été, mais voilà qu'il est question de nous le supprimer !

6. – Moi, je suis resté très fleur bleue... Même si ça paraît un peu ridicule, pour la Saint-Valentin, j'offre toujours un bouquet de fleurs et un cadeau à ma copine. C'est la fête des amoureux, quoi !

• **Deuxième série**

1. – Tu viens avec moi voir le défilé ?
– Ça va pas ! Je préfère attendre pour aller au bal !

2. – Oh ! tu m'as acheté du muguet !
– Eh, oui.
– J'adore le muguet !

3. Champagne ! Et tout le monde s'embrasse ! C'est la teuf d'enfer !

4. Ah ! chaque année, c'est la même chose : je ne sais vraiment pas quoi acheter à ma mère ; elle a tout ! T'as pas une idée ?

5. La musique dans la rue : c'est pas génial comme idée, ça ? Écoute ça, le classique rencontre le jazz, le rap et la techno à chaque coin de rue.

6. – Marc m'a invité samedi 21.
– Ah oui, moi aussi ! Mais dis-moi, c'est à l'église ou à la mairie ?
– À la mairie.

Page 137 : Fêtes de quartier

1. Le voisin du dessus fait des fêtes jusqu'à cinq heures du matin alors qu'il sait que mes deux enfants dorment. La dernière fois, je suis allée protester. Il a eu peur et il a déménagé. Bon débarras !

2. Quand je suis arrivé dans l'immeuble, je suis allé me présenter à tous mes voisins. Ce sont surtout des personnes âgées ; elles ont apprécié et ma fille Sophie a même reçu un cadeau pour ses quatre ans.

3. Quand je prends l'ascenseur avec un voisin, je dis bonjour mais après, je ne sais pas faire la conversation. Résultat : je ne connais pas mes voisins et ça fait dix ans que j'habite ici !

4. Juste au-dessus de chez moi, il y a une fille vraiment belle. Je n'ose pas lui dire bonjour, c'est bête.

5. J'ai la chance d'avoir des voisins très sympathiques. Nos enfants ont le même âge. Le soir, quand on veut sortir, on s'arrange avec eux et eux font la même chose.

6. Moi, ça fait quarante ans que j'habite dans cet immeuble. Autrefois, je connaissais tout le monde, aujourd'hui, je ne connais plus personne, mais je dis bonjour à tout le monde.

Pages 142-143 :
Littérature : Marguerite Duras

A. Marguerite Duras est née en 1914, à

[...] de [...] elle a [...] œuvre [...] mère, Ma[...] Sadec décid[...]ne. Elle achète u[...] rguerite va ensuite à Sai[...]ée. Elle fait le voyage parfois en[...] Saigon et Sadec et traverse alors le fleuve.

B. Ce que j'aime chez Duras c'est son style, une simplicité étonnante, mais en même temps une sorte de magie. Elle a une maîtrise des dialogues... quand elle décrit des personnages ou des lieux, on a l'impression de les voir, de les toucher.

C. Dans plusieurs romans de Marguerite Duras, le personnage de la mère est très présent, mais dans celui-ci en particulier, on suit le combat de cette femme vieillissante qui se bat contre tout : la corruption, son destin, l'océan qui envahit son pauvre territoire.

D. C'est un film de Marguerite Duras que j'ai adoré, c'est une histoire d'amour absolu, qui frôle la folie, une ambiance très étrange, bizarre. Marguerite Duras a entrevu l'Inde à 17 ans, le temps d'une escale à Calcutta. Des voix racontent ou plutôt évoquent l'histoire d'amour entre Anne-Marie Stretter, femme d'un ambassadeur de France aux Indes et le vice-consul de France à Lahore. J'ai adoré la musique de ce film !

Page 144 : Qu'est-ce qui nous tente ?
Voir page 144.

Corrigés de l'auto-évaluation

Compréhension orale, p. 8
1. c – 2. d – 3. d – 4. c – 5. c

Structures de la langue : grammaire et lexique, p. 8
1. d – 2. c – 3. c – 4. b – 5. a

Compréhension écrite, p. 9
1. 1. a – 2. c
2. Vrai : 1.   **Faux** : 2 – 5 – 6.   **?** : 3 – 4
3. Vrai : 5.   **Faux** : 1 – 2 – 3 – 4
4. 1.   2.   3.   4.   5.
    d   b   e   a   c

Propositions de production écrite, p. 10
1. Bonjour Jane,
Je suis allé chez Marc et Julie samedi. Devine qui j'ai rencontré ? Alain ! Tu te souviens, nous étions dans la même classe au lycée. Il n'a pas changé, il habite à Marseille, toujours aussi sympa. C'était super !
Tu vas bien ?
Bises et à bientôt,

Malek

2. Françoise,
Je suis passée à 5 h mais tu étais déjà partie.
Est-ce que tu pourrais me rapporter les livres que j'ai laissés dimanche chez toi ?
Je passerai à nouveau au bureau mardi. Si tu ne travailles pas, laisse tout à ta collègue ou sur ton bureau. Merci beaucoup.

Elsa

3. Chère Muriel,
Ta carte m'a fait très plaisir, et ton invitation aussi !
J'aimerais beaucoup passer quelques jours en juillet avec vous à Pézenas, malheureusement, je dois faire un stage à l'étranger pour terminer ma maîtrise.
Je regrette vraiment car quelques jours de détente dans votre maison en votre compagnie m'auraient fait du bien.
Je vous souhaite de bonnes vacances et vous remercie encore.
Amitiés,

Charline

Achevé d'imprimer en France par I.M.E. en avril 2004 - Dépôt légal : 5407/01